ベスト1

世界一美味しい「プロの手抜き和食」安部ごはん2

安部 司［著］｜タカコナカムラ［料理］

東洋経済新報社

JN013481

みなさまのご要望にお応えして、「安部ごはん」第2弾がパワーアップして登場！

『世界一美味しい「プロの手抜き和食」安部ごはん ベスト102レシピ』を出版したのは、まさに新型コロナウイルスが猛威をふるっていた2021年のことでした。

巣ごもり需要ともあいまってか、ありがたいことに大きな反響を呼び、全国でたくさんの人が「安部ごはん」を作ってくださいました。心から感謝いたします。

「和食がこんな簡単に作れるとは思わなかった」

「添加物なしで作るお家ごはんがこんなにおいしいのかとビックリした」

「化学調味料を使わないから、安心して食べられる」

喜びの言葉がたくさん寄せられましたが、なかでも、「ふだん料理をしない人がするようになった」という声が多かったのが印象的でした。

「単身赴任のお父さんが料理をするようになり、コンビニ食に頼らなくなった」とか「子どもたちも一緒にごはんを作るようになって家族の時間が増えた」などなど……。

これこそ、私が願っていたことです。

「安部ごはん」のコンセプトは、ズバリ「時短・無添加で絶品和食が作れる」というものです。

「和食は時間がかかる・面倒くさい」という概念を一掃し、誰でも手軽に時短でおいしい和食を作ることができるのが「安部ごはん」の最大の利点です。

今回の『安部ごはん2』では、「時短・無添加でおいしい」というコンセプトはしっかり守りながらも、前作よりさらにバリエーションを広げて、楽しいメニューをいろいろ取りそろえました。

5つの「魔法の調味料」プラスαで、料理の幅は「無限」に広がる！

「安部ごはん」は、なぜ時短でできるのか。

その秘密は、5つの「魔法の調味料」にあります。

5つの「魔法の調味料」とは「かえし」「みりん酒」「甘酢」「甘みそ」「たまねぎ酢」の5つです。

これらを家庭でつくりおきしておけば、誰でも驚くほど簡単に「プロの味」が出せるという、私が48年間「無添加」にこだわってきた中で生まれた秘伝中の秘伝レシピです。

そして、本書で新しく紹介する調味料に、2つの「和風だし」（「司の白だし」「司の2倍濃縮極上めんつゆ」）と3つの「スープの素」（「無添加ラーメンスープの素」「無添加鶏ガラスープの素」「無添加コンソメスープの素」）があります。

まず「白だし」。いまやどの家庭にも1本はあるというほどの大人気商品です。

しかし、「司の白だし」は家で手作りできます。自分で作ればあっさり上品な味わいで、料理をワンランクアップさせてくれます。

「司の2倍濃縮極上めんつゆ」も自信作。前作の「めんつゆ」よりもさらに使い勝手がよくなりました。

どちらも化学調味料などが入っていないので、市販のもののような濃厚な味ではなく、最初は物足りないと感じるかもしれません。しかし、一度この味を覚えたら、市販の味にはもう戻れません。

そして3つの「スープの素」。これは家で「絶品無添加ラーメン」を作ることができる「素」です。

これで作ったラーメンはもう、感動のおいしさだと思います。

この3つの「スープの素」はラーメン以外にも、スープや洋風煮込み料理など、何にでも使えます。冷凍保存も可能なので、ぜひいろいろ試してみてください。

「安部ごはん」レシピの正解は「おいしい」こと

本書において、ひとつだけ留意していただきたいことがあります。

それは、本書で示したレシピはあくまで「目安」であって、100％忠実にそのとおりに作る必要はなく、自由に自分の好みでアレンジしていいということです。

味覚は人それぞれです。味を見て「濃いな」と感じたら、だし汁で薄めたり、薄いようなら塩を足したりするなど、好みに合わせてアレンジしてみてください。「甘いのが苦手」という人は砂糖を控えめにしてください。

レシピどおりだからと味見をしない人もいるのですが、味見は必ずしていただきたいと思います。

また本書では手軽さを考えて具材などは最低限にしてあります。お好みで野菜や薬味などを足しても結構ですし、レシピどおりの材料がそろわなくても、あるもので代用していただければいいのです。

慣れてくれば、冷蔵庫の残り野菜や自分の好みの食材を使って、どんどんオリジナルの料理が作れるようになっていきます。

ぜひ、本書でそういうスキルを身につけていただきたいと思います。

「レシピどおりでないと不安、正解がわからない」という方もいますが、「おいしいほうが正しい」「おいしいのが正解」なのです。

正解が増えた分だけ、料理は楽しくなります。

「おいしい笑顔」が日本中に広がっていくこと、それが私の切なる願いです。

安部　司

CONTENTS

本書の使い方

より便利に使っていただくために、調理のポイントや所要時間などをアイコンで表示しています。
「魔法の調味料」のうち、どれを使って作るかも一目でわかるようになっています。
本書を楽しく活用して、毎日の献立に役立ててくださいね！

料理の特徴やひとことアドバイスなど

完成までの所要時間。ほぼ15分以内！

冷蔵や冷凍で保存可能なレシピ。期間はおおよその目安です

7つの「魔法の調味料」のうち、そのレシピで使用する調味料です

使用する「魔法の調味料」は下線で強調しています

料理初心者でもわかりやすい、料理のコツやポイントを紹介しています

白だしで漬け込むから、鶏肉が柔らかく、味がしっかりしみ込みます！

15分 ※肉の漬け込み時間を除く

つくりおきOK！
冷凍：1カ月

カリッ、ジュワッ！ 箸が止まらない！

いくらでも食べられる！
ワザあり！鶏の唐揚げ

魔法の調味料 司の白だし だけ

■ 材料（2人分）

- 鶏もも肉…1枚（約250～300g）
- 司の白だし…大さじ2
- 酒…大さじ1
- にんにく（すりおろし）…1片
- しょうが（すりおろし）…1片
- 片栗粉…適量
- 揚げ油…適量
- レモン…適宜

■ 作り方

1 鶏もも肉はひと口大に切ってビニール袋に入れ、酒と司の白だし、にんにく、しょうがをもみ込み、30分置いておく。

2 鶏肉に片栗粉をまぶして、1回目は低温（160℃）で約2分、2回目は高温（190℃）で1～2分揚げる。

ここがポイント！

2度揚げでカラッとジューシーに。司の白だしを使うと色味がきれいに仕上がるので、お弁当などにもおすすめ！

29

準備するもの

しょうゆ　**砂糖**　**みそ**　**純米酒**
本みりん　**お酢**　**たまねぎ**　**その他、昆布、かつお節など**

★材料にある「本みりん」は、「みりん酒」で代用するとまろやかな味わいになります
★油の使い分けについて
・油…米油など
・ごま油…中華など、ごまの風味を付けたいとき
・オリーブ油…洋風の味付けに
※料理の一部には洋食や中華などをもとにしたものもありますが、
すべて日本古来の調味料で作った「魔法の調味料」を使ったレシピにアレンジしているので、「和食」のカテゴリとしました

おすすめの調味料や手に入りにくいきざみ昆布などはこちらで購入できます

詳しい作り方は序章へ ▶

序章

あらゆる料理が爆速で作れる!

「魔法の調味料」の作り方

❺+❷=❼つの「魔法の調味料」

**必要なのはたったこれだけ！
この7つで食べたかった
「あの料理」がおいしく作れる！**

これさえあれば、
絶品料理が
あっという間に完成！
❸
❷
❶
❺
❻
❼
❹

1 かえし

しょうゆと砂糖を合わせて、砂糖が溶けたら完成です。「和の味付け」はこれがベースになります。これを常備しておけば時短にもなり、驚くほど簡単に和食の味が決まります。「かえし」だけで作れるメニューもたくさんあります!

調理例 和風チャーハン 焼うどん　など

2 みりん酒《ざけ》

煮物などに「上品な甘味と風味」を加えたいときに使うのが「みりん酒」です。砂糖とは違う「発酵調味料」ならではのまろやかな味わいは、まさに「和食の醍醐味」です!

調理例 イカとわけぎのぬた 洋風白和え　など

3 甘酢

大人も子どもも大好きな「甘酸っぱい味」が料理に加わります。こってりした料理に少し加えるとさっぱり食べられるので、箸がどんどんすすみます!

調理例 サーモンの手まり寿司 甘酢レンコンきんぴら　など

4 甘みそ

みそのこっくりした旨味と渋味が、料理に深みを出します。そのまま使うのはもちろん、肉料理などの「隠し味」にも最適です。いろいろな料理に使える万能調味料です!

調理例 ちゃんちゃん焼き みそチャーハン　など

5 たまねぎ酢

材料を合わせて、寝かせるだけ! みじん切りにしたたまねぎを使うので変色しにくく、たまねぎの辛味も活きてきます。通常は上澄みを使いますが、料理の種類やお好みで、たまねぎのツブツブごと入れてもおいしいですよ。

調理例 アボカドポテトサラダ 厚揚げの南蛮漬け　など

新たに追加!

6 司の白だし

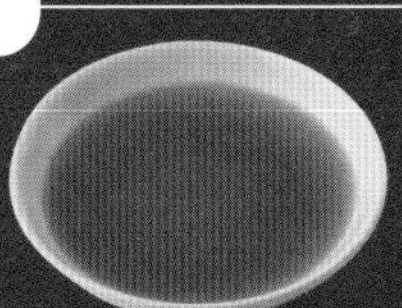

料理の色味を鮮やかに保ち、上品な味に仕上げるスグレモノ。定番の和食も、これを使えば料理上級者に!

調理例 茶碗蒸し だし巻き卵 炊き込みごはん　など

●無添加ラーメンスープの素

本格ラーメンが無添加で作れる、著者渾身のスープの素!

●無添加鶏ガラスープの素

スープにチャーハンに! 使い勝手のよさと味はお墨付き

●無添加コンソメスープの素

簡単に作れて、目からウロコのおいしさ!

7 司の2倍濃縮極上めんつゆ

だしを贅沢に使った、深い味わいのめんつゆ。濃縮タイプなので汎用性も広く、保存も効きます。

調理例 ブリ大根煮 ほうれん草のごま和え 野菜の揚げびたし　など

⑦つの「魔法の調味料」の作り方

まずは7つの「魔法の調味料」を準備しましょう。
どれも5〜20分で簡単に作れるので、料理初心者でも大丈夫！

① かえし

5分
※寝かせる時間を除く

常温で
3カ月保存可能！

■ 材料（作りやすい量）

しょうゆ…100ml
（または500ml）
砂糖…30g
（または150g）

■ 作り方

蓋付きの保存瓶やペットボトルなどにしょうゆと砂糖を入れ、常温で1週間ほどおくだけ。ときどきふると、早く溶ける。さらに急ぐ人は50℃ほどの湯せんで溶かす。

ここがポイント！

砂糖が溶けたらすぐに使用できますが、1週間ほど寝かせると、より熟成した味になります！

② みりん酒

5分

冷蔵庫で
1カ月保存可能！

■ 材料（作りやすい量）

本みりん…200ml
純米酒…100ml

■ 作り方

1. 鍋にみりん、酒を入れて、中火で沸騰させる。
2. 沸騰したら弱火にして、ツンとしたにおいが弱まるまで、フツフツと煮る。
3. 粗熱がとれたら、ペットボトルや蓋付きの保存瓶に入れて保存する。

ここがポイント！

煮立てすぎないのが、風味を損なわないポイントです！

新たに追加

⑥ 司の白だし
の作り方は28ページへ
⑦ 司の2倍濃縮極上めんつゆ
の作り方は38ページへ

新登場

- **無添加ラーメンスープの素**
- **無添加鶏ガラスープの素**
- **無添加コンソメスープの素**

の作り方は54〜55ページへ

❸ 甘酢

5分

常温で
3カ月保存可能！

■ 材料（作りやすい量）

米酢…100ml
砂糖…70g

■ 作り方

1 鍋に米酢を入れて、ツンとしたにおいがなくなるまで中火で加熱する。

2 沸騰したら火を止め、砂糖を溶かし込む。

3 粗熱がとれたら、ペットボトルや蓋付きの保存瓶に入れて保存する。

ここがポイント！

お酢のツンとしたにおいを飛ばしてから砂糖を溶かし込むと、やさしい味に仕上がります！

❹ 甘みそ

5分

常温で
3カ月保存可能！

■ 材料（作りやすい量）

みそ…100g
❷のみりん酒…30ml
砂糖…20g
❶のかえし…小さじ1

■ 作り方

鍋にみそ、みりん酒、砂糖、かえしを入れて、弱火で焦がさないように、ヘラなどでかき回してペースト状になるまで加熱する。

ここがポイント！

お好みで、紹興酒小さじ1を入れると、風味がよくなり、より深い味わいになります！

❺ たまねぎ酢

5分

冷蔵庫で
1カ月保存可能！

※寝かせる時間を除く

■ 材料（作りやすい量）

たまねぎ（みじん切り）
※「司式たまねぎのみじん切り」は26ページ参照
…1/2個
りんご酢…200ml

■ 作り方

広口瓶などに材料を入れて、蓋をして冷蔵庫でひと晩寝かせる。翌日から使える。

ここがポイント！

りんご酢の分量の1/3をみりんにすると、よりやさしい味になります！

COLUMN

おいしいお肉を
最高の味付けで食べたい!
食品のプロが開発した、
これぞ究極の配合!

司の絶品わりした

■材料（180ml分）※約3〜4人前

◉昆布だし
水…300ml
昆布…3g

かえし…100ml
みりん酒…20ml
昆布だし…60ml

■ 作り方

1 鍋に水と昆布を入れて弱火にかけて煮出し、昆布だしを取っておく。

2 鍋に昆布だし、かえし、みりん酒を入れてひと煮立ちさせ、司の絶品わりしたを作る。

3 保存容器に入れて、冷蔵庫で保存する。

昆布だしは多めに作って、すき焼きのわりしたが煮詰まったときに入れるなどして活用しましょう。

肉のおいしさを最大限に引き出す、 私の秘伝の「わりした」です。
九州や関西のすき焼きは、 肉を焼いて直接砂糖としょうゆを投入して、 かなり甘じょっぱく濃い味付けで食べます。
一方、 関東ではわりしたを入れて煮込んで作るのが主流です。
「夫婦喧嘩のタネになる」とまでいわれる作り方の違いですが、 ぜひ私のわりしたを試してもらいたいと思います。 万人に「おいしい」と思ってもらえる自信作です。
これをどうやって開発したかというと、 すき焼きの名店を食べ歩いては味を分析したのです。
お金も時間も費やして試行錯誤を繰り返し、ようやくこの味にたどり着きました。
味が濃く煮詰まってきたら、 昆布だしを加えて調節してください。 お好みで砂糖を少し加えてもいいと思います。

第1章

まずはこれから！　やっぱり食べたい！

簡単×極うま×しかも無添加！

「ド定番＆絶品料理」ベスト10

ハレの日に食べたい和食No.1！

超高級店の味を再現！ 究極のすき焼き

「司の絶品わりした」で
安い牛肉でも
驚きのおいしさに！

15分

■ 材料（2人分）

牛薄切り肉（すき焼き用）…200g
焼き豆腐…1/2丁
長ネギ…1本
にんじん…1/4本
しめじ…1/2パック
しらたき…1袋
司の絶品わりした（14ページコラム参照）…適量
卵…2個

■ 作り方

1 焼き豆腐はひと口大に切る。長ネギ、にんじんは斜め切りし、しめじは石づきを切り取る。しらたきは塩（分量外）を入れたお湯で下茹でして食べやすい大きさに切っておく。

2 鍋に豆腐、野菜、しらたきを入れ、司の絶品わりしたを注ぎ煮込む。

3 野菜に火が通ったら、牛肉を入れて煮る。溶き卵をつけて食べる。

ここがポイント！

牛肉は火が通りすぎないよう、最後に入れます。甘味が足りないと感じる場合は、砂糖を足してくださいね！

中華の人気メニューが
「魔法の調味料」で
速攻完成！

えっ!? こんなに簡単でいいんですか?

中華の大人気メニューも超簡単!
たまねぎ酢の油《ユー》淋《リン》鶏《チー》

20分

■ 材料（2人分）

鶏もも肉…1枚（約250～300g）
かえし…大さじ1
しょうが、にんにく（すりおろし）
…適量
酒…小さじ1
片栗粉…適量
油…大さじ2

◉タレ
かえし…大さじ2
たまねぎ酢…大さじ2（粒が入ってもよい）

レタス…3枚

■ 作り方

1 鶏もも肉は厚い部分に縦に切り込みを入れて1cmの厚さに均一にそろえ、かえし、しょうが、にんにく、酒をもみ込み、10分おく。

2 タレの材料をボウルに混ぜておく。

3 鶏肉に片栗粉をまぶし、フライパンに油を入れて、中火で熱し、鶏肉の皮目を下にして揚げ焼きにする。皮がパリッとしたら裏返してこちらもカリッとするまで焼く。

4 3を食べやすい大きさに切り、短冊に切ったレタスの上に盛り付け、熱いうちにタレをかける。

ここがポイント!

鶏肉を焼くときは、できるだけ動かさないこと！ 押さえつけながら焼くと、よりパリッとした仕上がりになります！

「無添加鶏ガラスープの素」
使用で食べ疲れしないから、
いくらでもいけちゃう！

いつものメニューがワンランクアップ！

たった10分でできる ひと味違う！ 和風チャーハン

10分

魔法の調味料

無添加鶏ガラスープの素　かえし

■ 材料（2人分）

ごはん…2杯分
無添加鶏ガラスープの素（55ページ参照）…2包
卵…2個
かえし…小さじ2
ごま油…適量
むきエビ…6尾
塩、こしょう…少々

■ 作り方

1 無添加鶏ガラスープの素は解凍し、みりん（分量外）でほぐしておく。

2 フライパンにごま油を入れて、溶いた卵を中火で炒め、取り出す。

3 再びごま油を入れて、強火で1とむきエビ、ごはんを炒める。

4 3に2の卵を戻し、かえしを入れて、塩、こしょうで味をととのえる。器に盛り付ける。

ここがポイント！

パラパラにするには、卵をいったん取り出し、あとで戻すのがコツ。油なじみのよいフライパンを使いましょう！

お家メニューの新定番！

大行列店の味が家庭で作れる！無添加 味わいしょうゆラーメン

15分

材料（1人分）

無添加ラーメンスープの素（54ページ参照）…1包
水…400ml
かえし…大さじ2
自家製中華スパイス（54ページ参照）…適量
中華麺…1玉
もやし、長ネギ（小口切り）…適量
うまさとろける焼豚（62ページ参照）…適量
白いりごま…適量
白こしょう…少々

作り方

1. 鍋に水と無添加ラーメンスープの素を入れて2分間中火で煮出す。
2. 中華スパイス、かえし、白こしょうを入れて味をととのえる。
3. 器にスープを注ぎ、茹でた麺を入れ、茹でたもやし、長ネギ、白いりごま、焼豚をのせる。

魔法の調味料

無添加ラーメンスープの素　かえし　だけ

ここがポイント！

煮卵（60〜61ページ参照）やメンマ、焼き海苔など、お好みのトッピングをのせて具だくさんにしてもおいしいです！

「無添加ラーメンスープの素」で、手作りラーメンが時短で実現！

あのご当地の定番を再現！

15分

鮭のおいしい食べ方、発見！ ちゃんちゃん焼き（北海道）

魔法の調味料

甘みそ

だけ

材料（2人分）

生鮭…2切
キャベツ…2～3枚
にんじん…1/4本
長ネギ…1/2本
バター…10g

◉ちゃんちゃん焼きタレ
甘みそ…大さじ2
みりん…大さじ1
しょうが（すりおろし）…小さじ1/2

作り方

1 長ネギは斜め薄切り、他の野菜は細切りにしておく。鮭は塩（分量外）をふって10分くらい置き、水気を拭いておく。

2 タレの材料をボウルで混ぜておく。

3 フライパンにバターを入れ、鮭の皮目を下にしてパリッとするまで焼く。ひっくり返したら、野菜を周りに置き鮭にものせて、2をかけて蓋をして、蒸し焼きにする。

ここがポイント！

もやしやピーマンなど、お好みの野菜を足してもOK！甘辛いみそ味だから、野菜がたっぷり食べられます！

甘みそで作ったタレが
鮭とキャベツに絡まって、
ごはんがすすむ！

甘酢ですし飯が
簡単に作れる！
子どもと一緒に
作るのも楽しい！

司の白だしを使うから、見た目も鮮やか！

見た目最高！味はもっと最高！映えまくる絶品 巾着寿司

20分 ※炊飯時間を除く

材料（4個分）

白米…1合
水…規定量
（炊飯器の目盛りに合わせる）

◉すし酢
甘酢…25ml
塩…小さじ1/2

◉寿司の具
油揚げ（油抜きしておく）…1枚
にんじん…1/6本
水…100ml
司の白だし（28ページ参照）…20ml

◉巾着
酒…小さじ1
卵…4個
片栗粉…小さじ1
塩…適量
油…適量
三つ葉…4本

作り方

1. 炊き上がったごはんに、すし酢の材料をよく混ぜたものを入れ、すし飯を作っておく。三つ葉はサッと茹でておく。
2. 鍋にみじん切りにした油揚げとにんじん、水、司の白だしを入れて蓋をして火が通るまで煮て、1のすし飯に煮汁ごと混ぜる。
3. ボウルに卵を割りほぐし、酒、同量の水で溶いた片栗粉、塩を入れ、よく混ぜ、ざるでこす。
4. フライパンに油を入れて3の卵液の1/4量を流し、薄焼き卵を作る。これをあと3回繰り返す。
5. 4の薄焼き卵に2のすし飯を1/4ずつのせ、ひだをつけながら巾着状に包み、茹でた三つ葉でとめる。

魔法の調味料 だけ

甘酢　司の白だし

ここがポイント！

卵はできるだけ薄く焼きましょう。ごはんが包みやすく、破れないできれいな仕上がりになりますよ！

かえしとオイスターの
Wソースが
クセになる！

揚げ玉トッピングで、満足感バツグン！

超あっさりで、後口も美味!
絶品 和風焼うどん

10分

■ 材料（2人分）

うどん（茹で麺）…2玉
豚こま切れ肉…100g
キャベツ…2枚
もやし…1/4袋
長ネギ…1/2本
油…適量
酒…大さじ1
かえし…大さじ2
オイスターソース…小さじ2
かつお節、青のり、揚げ玉
　など…適量

■ 作り方

1. キャベツは細切り、長ネギは斜め薄切りにしておく。
2. フライパンに油を入れ、豚肉を中火で炒め、野菜を加えて炒める。
3. 2にうどんと酒を入れてほぐしながら炒め、かえし、オイスターソースを入れてさらに炒める。
4. 器に盛り付けて、かつお節、青のりをふりかける。
お好みで揚げ玉を入れるとコクが出ておいしい。

魔法の調味料

かえし

だけ

ここがポイント！

ソースじゃなくかえしだからあっさり和風！野菜を細切りや薄切りにすることで、火が通りやすく時短になります！

副菜に、おつまみに、大活躍の逸品！

焼き海苔と小松菜の絶対失敗しない！最強ナムル

シャキシャキ小松菜と
海苔の風味が
たまらない！

10分

魔法の調味料

かえし

だけ

■ 材料（2人分）

小松菜…1/2束
焼き海苔…1枚
かえし…小さじ2
ごま油…大さじ1
しょうが（すりおろし）…適量

■ 作り方

1 小松菜は茹でて、水気をよく絞り、食べやすいサイズに切っておく。

2 ボウルにかえし、ごま油、しょうがを入れて混ぜておく。

3 小松菜に2をかけ、手で細かくちぎった焼き海苔と混ぜる。

ここがポイント！

茹でた小松菜は水分をしっかり絞るのがコツ。水っぽいと調味料がなじまず、全体の味がぼやけてしまいます

乳製品を使わないのに、驚くほどクリーミー！

油っぽくないから永遠に食べられる！手が止まらない無限クリームシチュウ

20分

材料（2人分）

たまねぎ…1/4個
にんじん…1/3本
かぶ（小）…1個
じゃがいも（小）…1個
にんにく（みじん切り）…1片
水…300ml
司の白だし（28ページ参照）…小さじ2
ローリエ…1枚
オリーブ油…適量
豆乳…50ml
米粉…大さじ1
塩、こしょう…適量

作り方

1 たまねぎはくし切り、その他の野菜は食べやすいサイズに乱切りしておく。

2 鍋にオリーブ油を入れ、にんにくを炒め、香りが出てきたら、たまねぎを炒め、他の野菜も炒める。

3 水、司の白だし、ローリエを入れて、蓋をして煮る。

4 米粉を豆乳で溶いておく。

5 野菜が柔らかくなったら、4を入れて、とろみがついたら塩、こしょうで味をととのえる。

魔法の調味料

司の白だし

だけ

ここがポイント！

乳製品を使ってないからあっさり&低カロリー！お好みで鶏肉やベーコンを入れるとボリュームアップ！

米粉の新しい使い方を発見！

かくし味に
みりんを使うことで、
煮込み時間が短くても
深い味わいに！

大人も子どもも、みんな大好き！

パスタ好きは全員必食！
奇跡のスパゲティ ミートソース

20分

材料（2人分）

牛ひき肉…100g
無添加コンソメスープの素（55ページ参照）…2包
みりん…大さじ3
トマト水煮缶（ホールトマト缶の場合、トマトをつぶしておく）…1缶
ローリエ…1枚
スパゲティ（乾麺）…160g
粉チーズ…適量
きざみパセリ…適量

作り方

1 フライパンに凍った無添加コンソメスープの素とみりんを入れて火にかけ、ほぐれたら、牛ひき肉を入れて炒める。

2 トマト水煮缶、ローリエを入れて10分程度煮込む。

3 スパゲティはたっぷりのお湯に塩（分量外）を入れて茹で、ざるに上げて水気を切る。

4 器に茹でたスパゲティを盛り付け、2のミートソースをかける。

5 お好みで粉チーズやきざみパセリをのせる。

魔法の調味料

だけ

無添加
コンソメスープの素

ここがポイント！

余ったパセリは冷凍保存しておくと、必要なときにさっと使えて便利です！（保存方法は92ページコラム参照）

COLUMN

「たまねぎ酢」「スープの素」
などを作るときに超便利！
大きさがそろうと味も舌触りも
よくなり、見た目もきれいに！

超簡単！きれい！「司式たまねぎのみじん切り」

料理初心者でも、大きさのそろったきれいなみじん切りができる方法を紹介します。
よくある半月状に切って縦横に切り込みを入れてからみじん切りにする方法よりも、はるかに簡単で、大きさがそろうから料理の仕上がりがワンランク違います。

下ごしらえ：たまねぎの皮をむき、根元部分を切り落とします。頭の部分はカットせずに付けておきます。
①根元の方を上にしてマグカップにのせ、包丁で縦に細かく切り込みを入れていきます。包丁はカップのふちに当たるまで下ろします。
②縦が終わったらカップを90度回転させて、①と同様に包丁を入れます。
③格子状に切り込みを入れたらカップから下ろし、縦半分にカットします。
④根元の部分から細かくきざんでいきます。

①

②

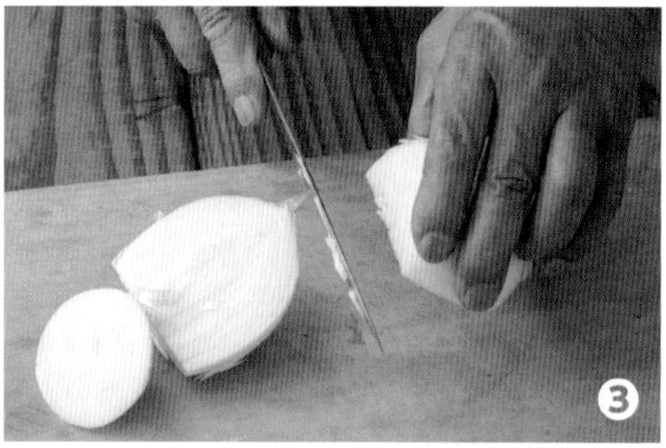
③

④

＊たまねぎの大きさに合わせて、マグカップは安定のよいものを使用しましょう。

第2章

いつもの食卓がワンランクアップ!

安部さんオリジナル
「奇跡の無添加だし」でおいしさ倍増!

とっておきの「ごちそうメニュー」

料理の色が映える！ 上品な味に仕上がる！

家で作れる！超簡単！
これこそ絶品！
無添加「司の白だし」

いつものだしを
替えるだけで、
「おもてなし料理」
に大変身！

15分

■ 材料（約300ml分）

かつお節…15g
きざみ昆布…15g
　※真昆布がおすすめ
水…500ml
しょうゆ（薄口）…30ml
みりん…30ml
砂糖…50g
塩…30g

■ 作り方

1 鍋に水とかつお節、きざみ昆布を入れて中火にかける。沸騰したら、火を止めて粗熱をとる。

2 1を茶こしでこして、再び鍋に入れ、その他の調味料を入れて、ひと煮立ちさせる。

3 粗熱がとれたら、熱湯消毒した保存容器に入れ、蓋をして冷蔵庫で保存する。

ここがポイント！

急冷することで雑菌の繁殖を防ぎ、長持ちさせることができます。多めに作って常備するのがおすすめです！

司の白だし（5倍濃縮）

つくりおきOK！
冷蔵：半年

白だしで漬け込むから、
鶏肉が柔らかく、味が
しっかりしみ込みます！

カリッ、ジュワッ！ 箸が止まらない！

いくらでも食べられる！ ワザあり！鶏の唐揚げ

15分 ※肉の漬け込み時間を除く

つくりおきOK！
冷凍：1カ月

魔法の調味料 だけ

司の白だし

材料（2人分）

鶏もも肉…1枚（約250～300g）
司の白だし…大さじ2
酒…大さじ1
にんにく（すりおろし）…1片
しょうが（すりおろし）…1片
片栗粉…適量
揚げ油…適量
レモン…適宜

作り方

1 鶏もも肉はひと口大に切ってビニール袋に入れ、酒と司の白だし、にんにく、しょうがをもみ込み、30分置いておく。

2 鶏肉に片栗粉をまぶして、1回目は低温（160℃）で約2分、2回目は高温（190℃）で1～2分揚げる。

ここがポイント！

2度揚げでカラッとジューシーに。司の白だしを使うと色味がきれいに仕上がるので、お弁当などにもおすすめ！

ちょっとしたひと手間で
「料亭の味」に近づける！

素材の味が活きる！ 司の白だしならではの上品さ

「料理の腕上げた？」と驚かれる！ マジで簡単すぎる茶碗蒸し

20分

魔法の調味料

だけ

司の白だし

■ 材料（2人分）

卵…1個
司の白だし…20ml
水…160ml
ささみまたは鶏むね肉…30g
しいたけ…1枚
小エビ（ボイルしたもの）…4尾
三つ葉…適量

■ 作り方

1 鶏肉は食べやすい大きさに切る。しいたけはひと口大に切る。小エビは半分に切っておく。

2 ボウルに卵を割りほぐし、水、司の白だしを加えて、ざるでこしておく。

3 容器に1の具材を入れて、卵液を注ぐ。

4 湯気の上がった蒸し器に容器を入れて、強火のまま2分、弱火にして10分蒸す。取り出して、切った三つ葉をのせる。

ここがポイント！蒸しもののコツ

卵液は水分がやや多めのほうがすが入りにくい。魚介や肉などの具は、先に軽く火を通しておくと臭みがとれますツナとナッツの風味がたまらない！

ついつい食べすぎる！おかわり必至のツナの炊き込みごはん

材料をすべて炊飯器に入れるだけ！時間がない日の最強ごはん！

10分
※炊飯時間を除く

魔法の調味料

司の白だし　だけ

■ 材料（4人分）

白米…2合
水…規定量
（炊飯器の目盛りに合わせる）
ツナ缶（油漬け）…1缶（70～85g）
にんじん…1/3本
カシューナッツ（ロースト）
…1/4カップ
司の白だし…大さじ1
酒…大さじ1
塩…小さじ1
きざみパセリ…適量

■ 作り方

1 炊飯器にといだ白米を入れて、水を規定量まで注いで30分くらい浸水させる。にんじんを千切りにしておく。

2 ツナ、カシューナッツ、にんじん、司の白だし、酒、塩を加えて軽くひと混ぜし、炊飯する。

3 炊き上がったら全体を混ぜて、器に盛り付け、きざんだパセリをのせる。

ここがポイント！

ツナ缶の油は捨てずに全部入れましょう。余ったカシューナッツは炒めものなどに入れてもおいしいです！

しらすと菜の花の相性がバツグン！

さっぱりしらす×ほろにが菜の花の ちょっと大人の味 和風スパゲティ

15分

■ 材料（2人分）

スパゲティ（乾麺）…160g
しらす…20g
たまねぎ…1/4個
菜の花…1/2束
司の白だし…大さじ2
オリーブ油…適量
塩、こしょう…適量

■ 作り方

1 鍋にお湯を沸かし、塩（分量外）を加え、スパゲティを茹でる。スパゲティが茹で上がる1分くらい前に、菜の花を入れて一緒に茹でる。菜の花は水にとって水気を絞って、ひと口大に切っておく。スパゲティはざるに上げておく。

2 フライパンにオリーブ油を入れ、薄切りにしたたまねぎを炒める。しんなりしたら、しらすを入れて、司の白だしを加える。

3 2に茹で上がったスパゲティと菜の花を入れて絡め、水分が足りない場合は、茹で汁でのばす。

4 塩、こしょうで味をととのえて、器に盛り付ける。

魔法の調味料

司の白だし

だけ

ここがポイント！

菜の花が手に入りにくい場合は、小松菜、チンゲン菜、ブロッコリー、アスパラなどで作ってもおいしいです！

「司の白だし」を使うから、色味がきれい！

定番の沖縄料理が
「司の白だし」で
ワンランクアップ！

ゴーヤのグリーンが食欲をそそる！

見た目も白くてきれい！ 超ごちそうゴーヤチャンプルー

10分

魔法の調味料 だけ

司の白だし

■ 材料（2人分）

ゴーヤ(小)…1本
木綿豆腐…1/3丁
たまねぎ…1/4個
卵…1個
司の白だし…大さじ1
ごま油…適量
塩…適量
白いりごま…適量
かつお節…適量

■ 作り方

1 ゴーヤは半分に切り、種とワタを取り除き、薄切りにする。たまねぎも薄切りにする。

2 フライパンにごま油を入れ、たまねぎを炒める。ゴーヤを入れて炒め、木綿豆腐を手でくずしながら入れてさらに炒める。司の白だしを入れて、塩で味をととのえ、仕上げに溶き卵を入れて炒める。

3 器に盛り付け、白いりごまとかつお節をトッピングする。

ここがポイント！

沖縄は白だし文化。白だしだから、黒っぽくならない！島豆腐ならより本格的に。木綿豆腐は水切りするとよりおいしくなりますよ！

口に入れた瞬間、幸せ気分が最高潮！

超絶ふわふわ! だし巻き卵

絶対押さえておきたい、
これぞNEXT定番！

10分

■ 材料（作りやすい分量）

司の白だし…小さじ2
卵…3個
水…50ml
ごま油…適量
大根おろし…適量
しょうゆ…適量

■ 作り方

1 ボウルに卵を割り入れて、水、司の白だしを入れて混ぜる。

2 卵焼き器にごま油をひき、卵液を1/3量入れる。半熟状にして1/3を手前に折り、さらに半分に折る。

3 もう一度ごま油をひき、卵焼き器の空いた部分に残りの卵液の半分を入れて、2と同様にして折り返す。同じ作業を、残りの卵液を入れて繰り返す。

4 食べやすい大きさに切って、器に盛り付ける。お好みで、しょうゆを少量かけた大根おろしを添える。

魔法の調味料　だけ

司の白だし

ここがポイント！

つくりおきしておいた司の白だしを使えば、忙しい朝でもよりスピーディーにだし巻き卵が作れます！

素材の滋味をダイレクトに味わえる！

爆速で絶品！風邪のときに重宝！レンコンのすり流し

難しいイメージの「すり流し」も、「司の白だし」を使えばテクニック不要！

10分

魔法の調味料

司の白だし

■ 材料（2人分）

レンコン…小1節
水…360ml
司の白だし…40ml
しょうが（すりおろし）…適量
長ネギ（青い部分）…適量

■ 作り方

1 レンコンは、皮をむいてすりおろしておく。

2 鍋に水、司の白だしを入れて火にかけ、沸騰したらレンコンを入れ中火にし、とろみがつくまで煮る。

3 器に盛り付けて、しょうがと斜め切りにした長ネギをのせる。

ここがポイント！

とろみが出にくい場合は、本くず粉を使うと上品に仕上がり、おすすめです。夏は冷やして食べてもおいしい！

揚げなす×大根おろしはやっぱり鉄板！

お酒もごはんもすすむ！ なすのみぞれ揚げ

15分

■ 材料（2人分）

なす…1本
ししとう…2本
司の白だし…20ml
揚げ油…適量
大根おろし…1/4カップ
片栗粉…小さじ1

■ 作り方

1 なすは縦半分に切ったあと、さらに横半分に切り、縦に細かく切り込みを入れ、末広切りにしておく。ししとうは、楊枝で穴を開けておく。

2 鍋に揚げ油を適量入れ、なすとししとうを揚げ焼きする。

3 別の鍋に大根おろし、司の白だしを入れ、同量の水で溶いた片栗粉でとろみをつける。

4 器に、なすとししとうを盛り付け、3をかける。

魔法の調味料

司の白だし

だけ

ここがポイント！

ししとうは調理中に爆発しないように、あらかじめ楊枝などで穴を開けておきましょう

揚げ焼きにすれば、
手軽に作れて、
油の処理も簡単！

市販の蒸し大豆を
使うから、時短で
ふっくら仕上がる！

脇役イメージの「煮豆」が、メインに昇格！

全部入れて煮るだけ！ 主役級のおかず煮豆

20分

魔法の調味料

だけ

司の白だし

■ 材料（作りやすい分量）

蒸し大豆（市販）…200g
水…200ml
きざみ昆布…4g
司の白だし…大さじ2
みりん…大さじ1
砂糖…小さじ1（甘口にしたい場合は小さじ2）

■ 作り方

1 鍋に材料を全部入れて、煮立ったら弱火でコトコト15～20分煮込む。

ここがポイント！

市販の蒸し大豆は国産のものを使うと、ふっくらおいしく仕上がります！

一度作ったらやめられないおいしさ！ 2倍濃縮液だから使い勝手がいい！

香りも味も深すぎる！「司の2倍濃縮極上めんつゆ」

■ 材料（約500ml分）

◉だしが濃い和だし
- 水…500ml
- きざみ昆布…10g
- かつお節…10g

※きざみ昆布、かつお節を各5gにすると「司の『和だし』」になります

かえし…150ml
みりん…100ml
かつお節…ひとつかみ（追いがつお用）

■ 作り方

20分

1 鍋に水、きざみ昆布、かつお節を入れ、中火にかけ、沸騰したら火を止め、ざるでこして「だしが濃い和だし」を作る。

2 鍋に1を入れ、沸いたら、かえし、みりんを加え、ひと煮立ちさせる。仕上げに追いがつお用のかつお節を入れて、火を止める。

3 粗熱がとれたら目の細かいざるでこして、保存容器に入れ、冷蔵庫で保存する。

ここがポイント！

濃厚なだしを使うから、料理のできがひと味もふた味も違います！ ちょっと手間でも常備しておくと、重宝します！

司の2倍濃縮極上めんつゆ

つくりおきOK！
冷蔵：2～3週間

※できるだけ早めに使い切る

【使い方】下記の割合を目安に薄めてください
〈つゆ：水の割合〉

麺のつけつゆ……1：1　丼物……1：2～3
麺のかけつゆ……1：3　煮物……1：3～4
天つゆ……1：2

他にも煮魚、鍋物、おでんなど、いろいろな料理に使えます！

ちょっとした下処理で、
魚がプロ級の
おいしさに！

めんつゆを使うから、失敗なし！

大根にブリの味がしみて美味！超味しみしみ！ブリ大根煮

30分

材料（2人分）

ブリ（あらでも可）…4切
大根…1/2 本
水…200ml
酒…100ml
司の2倍濃縮極上めんつゆ
…100ml
しょうが（スライス）…1片
ゆずの皮（千切り）…適量

作り方

1 ブリは、さっと熱湯にくぐらせ湯引きして、水気を拭いておく。大根は皮をむき、2cm程度の輪切りにして、十字に隠し包丁を入れておく。

2 鍋に大根を入れ、その上にブリをのせ、水、酒、しょうがを入れ、落とし蓋をして煮る。

3 大根が柔らかくなってきたら、めんつゆを入れて煮汁を煮詰める。

4 器に盛り付けて、ゆずの皮を飾る。

魔法の調味料

だけ

司の2倍濃縮極上めんつゆ

ここがポイント！

大根の上にブリをのせて煮ると水っぽくなりません。できあがったらいったん冷ますと、より味がしみておいしい！

余分な油を拭き
取ることで、さっぱりと
いくらでも食べられる！

野菜の旨味とめんつゆのだしが絡まる！

子どもも大人も喜ぶ！ 絶品 野菜の揚げびたし

20分

魔法の調味料

だけ

司の2倍濃縮
極上めんつゆ

材料（2人分）

かぼちゃ…1/10個
なす…1本
パプリカ（赤、黄どちらでも）
…1/2個
オクラ…2本

◉漬け汁
水…200ml
司の2倍濃縮極上めんつゆ
…100ml
しょうが（すりおろし）…少々

揚げ油…適量

作り方

1 なすは縦半分に切り、格子状に隠し包丁を入れ、かぼちゃは薄切り、パプリカはひと口大に切り、オクラはガクを取って半分に切る。

2 鍋に漬け汁の材料を入れて、ひと煮立ちさせる。

3 野菜を180℃の油で素揚げする。余分な油をキッチンペーパーで拭き取り、熱いうちに、2の漬け汁に浸す。

ここがポイント！

なすは隠し包丁を入れることで、味がしみ込みやすくなります。ズッキーニ、アスパラ、ヤングコーンなどもおすすめです！

だしの旨味をダイレクトに味わえる！ 風味豊かな一品！

子どもも超簡単に作れる!
ほうれん草のごま和え

5分

魔法の調味料

司の2倍濃縮
極上めんつゆ

だけ

材料（2人分）

ほうれん草…1/2 束
司の2倍濃縮極上めんつゆ
…45ml
白いりごま（または市販のすりごま）
…大さじ2

作り方

1. ほうれん草は茹でて、冷水にさらし、ざるに上げてよく絞って水気を切り、食べやすい大きさに切っておく。
2. すり鉢にごまを入れてすり、めんつゆを入れて混ぜる。
3. 2にほうれん草を入れて和える。

ここがポイント！

茹でたほうれん草は水気をしっかり切ることで、だしがよくしみておいしく仕上がりますよ！

いつもの定番料理も
「司の2倍濃縮極上めんつゆ」
使用で驚きの
おいしさに！

ツナとだしの旨味&コクを、ピーマンがしっかりキャッチ!

野菜嫌いの子どもも食べられる! ピーマンとツナの炒めもの

10分

魔法の調味料

司の2倍濃縮極上めんつゆ

だけ

■ 材料(作りやすい分量)

ピーマン(大)…3個
ツナ缶(油漬け)…1缶
しょうが…1片
司の2倍濃縮極上めんつゆ…大さじ2
オリーブ油…適量

■ 作り方

1 ピーマンとしょうがは千切りにする。
2 フライパンにオリーブ油を入れ、ピーマンを炒める。
3 少ししんなりしたらツナを汁ごと入れて炒め、仕上げにめんつゆとしょうがを加えてさっと炒めて完成。

ここがポイント!

ピーマン嫌いの子どもでもモリモリ食べられる、無限レシピ! ごはんもすすみます!

味がしっかりしているから、野菜嫌いの子どもでも、モリモリ食べられる!

第3章

ボリューム満点！　みんな大好き！　家族も大満足！

がっつりボリューム「ごはんもの」

「ごはんもの＆麺レシピ」

魔法の調味料
「甘みそ」を使って、
満足感のある味付けに！

いつものチャーハンを「甘みそ」でアレンジ！

ハマる！食べごたえ満点！超コクうまみそチャーハン

10分

魔法の調味料

甘みそ

だけ

■ 材料（2人分）

ごはん…2杯分
甘みそ…大さじ1
にんにく（みじん切り）…適量
しょうが（みじん切り）…適量
たまねぎ（みじん切り）…1/2個
ごま油…適量
白いりごま…適量
塩、こしょう…適量
卵…2個
大根の葉（トッピング用）…適量

■ 作り方

1. 卵は割りほぐして、塩を少々加える。フライパンにごま油を入れて、卵を半熟状になるまで炒め、いったん取り出しておく。
2. フライパンにごま油をひき、にんにく、しょうがを入れて加熱し、たまねぎを炒める。
3. 甘みそを入れて炒め、全体になじんできたら、ごはんを入れてさらに炒める。塩、こしょうで味をととのえる。
4. 1を入れて混ぜて炒める。仕上げに、茹でてきざんでおいた大根の葉を加え、ごまをふりかける。

ここがポイント！

大根の葉も無駄なくおいしく食べられる！手に入らない場合はきざんだ大葉を添えてもOKです！

ふわふわでジュワッ！ 仙台のお麩を使った新感覚丼！

肉なしでも 超満足の節約料理！ もちふわ食感の油麩丼

10分

魔法の調味料 かえし だけ

■ 材料（2人分）

ごはん…2杯分
油麩（仙台麩）
…1cmスライス12切
たまねぎ…1/4個
長ネギ…1/2本
司の「和だし」（38ページ参照）
…200ml
かえし…大さじ2
小ネギ（小口切り）…適量

■ 作り方

1. たまねぎは薄切り、長ネギは斜め薄切りにする。
2. 鍋に司の「和だし」を入れて火にかけ、沸いたらかえしを加えて油麩、1を加えて煮含める。
3. 丼にごはんを盛り、2の具をかけ、小ネギをのせる。

ここがポイント！

油麩は普通のお麩よりコクがあるので、肉を使わなくてもボリューム満点の節約丼になりますよ！

シンプルだけど、味わい深い！
たんぱく質も摂取できる
優秀メニュー！

だしの味わいをしっかり感じる！ おいしさがしみわたる！

マジで絶品！
そば屋のカレーうどん

10分

魔法の調味料

かえし

だけ

■ 材料（2人分）

にんじん…1/3本
うどん（茹で麺）…2玉
たまねぎ…1/2個
油揚げ…1/2枚
きざみネギ…1/4本分
米粉…大さじ2
カレー粉…大さじ1
司の「和だし」（38ページ参照）
…800ml
かえし…20 ~ 40ml
（お好みで調節）

■ 作り方

1 にんじんは薄切り、たまねぎはくし切り、油揚げは短冊切りにする。

2 鍋に司の「和だし」を入れて、1を入れて火にかける。

3 カレー粉を入れ、かえしで味をととのえる。米粉に同量の水を加えて混ぜたものを入れて、とろみをつける。

4 丼に温めたうどんを入れ、3をかけ、きざみネギをのせる。

ここがポイント！

とろみづけの米粉は冷めてもシャバシャバにならないのが特徴。お好みで豚肉を加えてもおいしいです！

司の「和だし」と
「かえし」で、
お店の味を再現！

司の「和だし」で、
味にいっそう
深みが加わります！

「魔法の調味料」と「牛の旨味」がベストマッチ！うどんが最高のごちそうに！

ああ、なんと
至福の牛すきうどん

15分

魔法の調味料

かえし

だけ

■ 材料（2人分）

牛こま切れ肉…100g
うどん（茹で麺）…2玉
白菜…2枚
たまねぎ…1/4個
焼き豆腐…1/4丁
しめじ…適量
司の「和だし」（38ページ参照）
…400ml
かえし…大さじ4
みりん…大さじ2

■ 作り方

1 たまねぎは薄切り、白菜は食べやすい大きさに切っておく。しめじはほぐしておく。

2 鍋に司の「和だし」を入れて、かえしとみりんを入れて味を付ける。

3 1と、牛肉、切った豆腐を入れ、煮えたらうどんを入れ数分煮込んだら完成。

ここがポイント！

濃いめの味付けをガツンと食べたい日に！
お酒の〆にも最適な元気が出る一品です！

「魔法の調味料」を
使うから、
味付けも失敗なし！

ささっと作れるから、ふだんのレパートリーに加えたい！

ホームパーティー、おやつにも最適！「かえし」でいなり寿司

20分 ※炊飯時間を除く

魔法の調味料

かえし　甘酢

だけ

■ 材料（6個分）

油揚げ…3枚
水…70ml
酒…30ml
かえし…20ml
みりん…20ml
白米…1合
水…規定量
（炊飯器の目盛りに合わせる）

◉すし酢
甘酢…25ml
塩…小さじ1/2

白いりごま…小さじ2
甘酢しょうがなど…適宜

■ 作り方

1 甘酢と塩を合わせてよく混ぜ、すし酢を作っておく。炊き上がったごはんにすし酢を混ぜ、白いりごまも混ぜておく。

2 油揚げは半分に切って、湯通ししてざるに上げ、水気を切っておく。

3 鍋に水と酒、かえし、みりんを入れて煮立たせ、油揚げを弱火で約10分煮含める。

4 火を止めて、粗熱がとれるまでそのまま置き、味をしみ込ませる。

5 4の油揚げの汁気を軽く切って、1を1枚につき1/6量詰め、お好みで甘酢しょうがを添える。

ここがポイント！

味付けした油揚げは、多めに作って冷凍保存しておくと便利。再び弱火で煮るとジューシーさが蘇ります！

見た目がかわいい！食卓が映える！おもてなしにも最適！

超幸せオーラ全開!
サーモンの手まり寿司

10分 ※炊飯時間を除く

魔法の調味料

だけ
甘酢

■ 材料（6個分）

スモークサーモン…6枚
白米…1合
水…規定量
（炊飯器の目盛りに合わせる）

◉すし酢
甘酢…25ml
塩…小さじ1/2

ブロッコリースプラウト…1パック

■ 作り方

1 甘酢に塩を入れてよく混ぜ、すし酢を作っておく。

2 炊き上がったごはんにすし酢を混ぜる。粗熱がとれたら、ブロッコリースプラウトを混ぜる。

3 2をピンポン玉大（約50g）に丸め、スモークサーモンを巻く。

ここがポイント！

ブロッコリースプラウトはアルファルファなどでもOK！ 小さめ（短め）のものが作りやすく、食べやすいのでおすすめです！

すし飯を
スモークサーモンで巻くだけ！
子どもと一緒に作りたい！

ねっとりしたアボカドが溶けるような舌触り！

とろける手ごね寿司

15分 ※炊飯時間を除く

■ 材料（2人分）

白米…1合
水…規定量
（炊飯器の目盛りに合わせる）
マグロ…100g
アボカド…1/2個
かえし…大さじ1
みりん…大さじ1

◉すし酢
甘酢…25ml
塩…小さじ1/2

大葉…10枚
わさび…適宜

■ 作り方

1 甘酢に塩を入れてよく混ぜ、すし酢を作っておく。

2 炊きたてのごはんにすし酢を混ぜ、すし飯を作る。

3 マグロは食べやすい大きさに削ぎ切りしておく。アボカドはスライスしておく。

4 ボウルにかえし、みりんを混ぜ、マグロを10分漬ける。

5 器にすし飯をよそい、4のマグロとアボカドを盛り付け、細切りした大葉、お好みでわさびを添える。もみ海苔をのせて食べてもおいしい。

魔法の調味料 だけ

かえし
甘酢

ここがポイント！

余った漬けダレは、他のお刺身を漬けてもOK。漬け時間は短くして、当日に食べ切りましょう！

アボカド×マグロの
名コンビ！「かえし」が
マグロの風味を
引き立てます！

お好みの漬け物を
薄く切って、
すし飯にのせるだけ！

さっぱりしてるから、お酒の〆にも合う！

アレンジ自在！ のせるだけ！ お好み漬け物寿司

10分 ※炊飯時間を除く

■ 材料（各2個、6個分）

赤かぶ漬け物、千枚漬け、高菜漬けなど市販の漬け物…適量
白米…1合
水…規定量
（炊飯器の目盛りに合わせる）
甘酢しょうが…適宜

◉すし酢
甘酢…25ml
塩…小さじ1/2

■ 作り方

1 ごはんを炊き、すし酢の材料をよく混ぜて、炊きたてのごはんに混ぜ、すし飯を作っておく。

2 赤かぶ漬け物は薄くスライスし、千枚漬けは1/4に切り、高菜漬けは5cmほどに切っておく。

3 俵型にすし飯を詰めて抜き、切り離して、2をそれぞれのせる。

4 器に盛り付け、甘酢しょうがを添える。

魔法の調味料 だけ

甘酢

ここがポイント！

シンプルながら、バリエーションは無限！ お好みの漬け物で試してみてください！

COLUMN

中華料理、麺料理、
おむすびの具にも大活躍！
料理のレパートリーも広がる！
何にでも使える！

あれば超便利な肉みそ

■ 材料（作りやすい分量）

10分

豚ひき肉…100g
無添加コンソメスープの素（55ページ参照）…2包
甘みそ…大さじ3
みりん…小さじ3
（甘口がお好みの場合は砂糖小さじ1を追加）
自家製中華スパイス（54ページ参照）…適量

■ 作り方

1 フライパンで豚ひき肉を炒める。
2 1に凍った無添加コンソメスープの素とみりんを入れ弱火にし、ほぐれたら、甘みそ、中華スパイスを入れて炒める。
3 火が通ったら完成。

市販品はえのきを
使ったものばかり！
おつまみに！ごはんのお供に！
超簡単！便利すぎる！

本格なめたけ

■ 材料（作りやすい分量）

10分

なめこ…100g
水…100ml
かえし…小さじ2
甘酢…小さじ2

■ 作り方

1 なめこは、石づきがついている場合は切り取り、洗ってざるに上げておく。
2 鍋に水、なめこ、かえし、甘酢を入れて中火で煮る。
3 水分が半分くらいになったら、弱火にして水気を飛ばし、とろみが出たら火を止める。

第4章

開発期間15年！

ようやくたどり着いた秘伝のレシピを初公開！
無添加スープの素で作る

「感動ラーメン、ほっこり汁物」

化学調味料なしで、ここまでできた！

お家にある材料で、
体にやさしい大感動の
ラーメンスープが完成！

絶対試したい！
奇跡の無添加ラーメンスープの素

■ 材料（約8包分）

鶏ひき肉（もも）…100g
豚ひき肉…100g
たまねぎ（みじん切り）…1/2個
ごま油…小さじ2
にんにく（すりおろし）
…小さじ1/2
しょうが（すりおろし）
…小さじ3/4
オイスターソース…小さじ2
塩…小さじ1
白こしょう…適量

■ 作り方

1 鍋にごま油を入れ、たまねぎ、にんにくとしょうが（もしくは下記の中華スパイス）を加え、軽く色づくまで炒める。

2 火を止めて、ひき肉を入れ、弱火で火が通るまで炒める。

3 再び火を止めて、オイスターソース、塩、白こしょうを入れて、炒める。

4 35～40g程度に分け、シリコンカップやラップに包んでファスナー付きの保存袋などに詰めて冷凍する。

10分

つくりおきOK！
冷凍：1カ月

ここがポイント！

1食分35~40g程度に分け、ラップに包んで冷凍保存しておくと、1人分がすぐに取り出せて便利です！

■ スープの素の作り方

※「みじん切り」のやり方は26ページ参照

生のにんにくとしょうがを使うのが
ベストだけど、忙しい人は……

自家製中華スパイス

常温：3カ月

■ 材料（作りやすい分量）

にんにくパウダー…10g
しょうがパウダー…20g

■ 作り方

2つのパウダーをよく混ぜ、密閉容器などに入れておく。

つくりおきしておくと、
何かと便利！

チキン本来の旨味を凝縮!

鶏のだしがじわじわしみる! 大感動 無添加鶏ガラスープの素

汎用性の高い
鶏ガラスープも、
無添加で作れます!

■ 材料(作りやすい分量)

たまねぎ(みじん切り)…1/2個
油…小さじ2
鶏ひき肉(もも)…100g
自家製中華スパイス…適量
塩…小さじ2
白こしょう…少々

■ 作り方

1 フライパンに油を入れて、たまねぎを軽く色づくまで炒める。鶏ひき肉、中華スパイス、塩、白こしょうを入れ、弱火で炒めて、火を通す。

2 粗熱がとれたら、シリコンカップに35~40gずつ詰めて保存袋に入れて冷凍する。

10分
つくりおきOK!
冷凍:1カ月

ここがポイント!

スープや炒めものにも幅広く大活躍する、汎用性が高いスグレモノ。もう市販のスープの素には戻れません!

和洋中どんな料理にも合う、頼れる料理の味方!

これこそ万能! 最強 無添加コンソメスープの素

「自家製中華スパイス」を
プラスして、風味豊かに

■ 材料(作りやすい分量)

たまねぎ(みじん切り)…1/2個
にんじん(すりおろし)…1/6本
油…小さじ1
自家製中華スパイス
…小さじ1/2
鶏ひき肉(もも)…100g
合いびき肉…60g
オイスターソース…小さじ2
かえし…小さじ2
塩…小さじ2
白こしょう…少々
カレー粉…小さじ1/4

■ 作り方

1 鍋に油を入れて、たまねぎを弱火で炒め、茶色く色づくまで炒める。

2 ひき肉、すりおろしたにんじんを入れ、弱火で炒める。このとき、ひき肉がダマにならないように注意する。

3 肉に火が通ったら、オイスターソース、かえし、塩、中華スパイス、白こしょう、カレー粉を加える。

4 全体をよく炒めてできあがり。粗熱がとれたら、シリコンカップに35~40gずつ詰めて保存袋に入れて冷凍する。

15分
つくりおきOK!
冷凍:1カ月

ここがポイント!

ファスナー付きの袋などに平らに入れて、割りばしなどで線を付けて冷凍し、必要な分を割って使ってもOK!

一般家庭では
難しいとんこつ風スープを
無添加&時短で再現!

あのとんこつラーメンの味が家庭で再現できる!

本場の人気店よりうまい!
大感動! 大満足! とんこつ風ラーメン

15分

■ 材料(1人分)

中華麺…1玉
無添加ラーメンスープの素
(54ページ参照)…1包
水…400ml

◉とんこつ風スープ
牛乳または豆乳…大さじ1
塩…小さじ1/2
牛脂…1個(約10g)

◉トッピング
うまさとろける焼豚
(62ページ参照)…4切
茹でもやし、きざみネギ、きざみしょうが、紅しょうが、細切りにしたきくらげなど…適宜

■ 作り方

1 鍋に水と無添加ラーメンスープの素を入れて、沸騰したら中火で2分間煮出し、「基本のラーメンスープ」を作る。

2 さらにとんこつ風スープの材料を入れて煮る。火を止め、ざるでこして、ひき肉を取り出す(ひき肉は取り出さず、そのまま食べてもよい)。

3 茹でて湯切りした中華麺を2のスープに入れて、焼豚をのせ、お好みで他のトッピングを適宜のせる。

魔法の調味料

無添加ラーメンスープの素

だけ

ここがポイント!

あえてラードではなく牛脂を加えることで、よりコクと風味がアップします!

少量のカレー粉が
いい仕事してます！

ほんのりカレー風味が味のアクセント！

一度作ったら、やめられない！ 超あっさりだしの 香る塩ラーメン

15分

■ 材料（1人分）

中華麺…1玉
無添加ラーメンスープの素
（54ページ参照）…1包
水…400ml
きざみ昆布…2g
いりこ（中）…2尾

◉塩スープ
塩…小さじ1/2
自家製中華スパイス
（54ページ参照）…小さじ1/4
カレー粉…小さじ1/4弱

◉トッピング
茹でもやし、わかめ、きざみネギ、白いりごま、茹で卵など…適宜

■ 作り方

1 水と無添加ラーメンスープの素で「基本のラーメンスープ」（前ページ参照）を作り、きざみ昆布、いりこを入れて2分煮出す。火を止めてざるでこして、ひき肉を取り出す。

2 塩スープを作る。鍋に1のスープと塩スープの材料を入れて煮る。スープは器に注いでおく。

3 茹でた中華麺を2に入れて、お好みでトッピングをのせる。

魔法の調味料

だけ

無添加ラーメンスープの素

ここがポイント！

いりこと昆布で風味豊かな塩ラーメンに。かくし味のカレー粉がアクセントになります！

みその風味を存分に感じる味わい！

「みそ×バター×コーン」で北海道の味！本場よりうまい！至高のみそラーメン

15分

■ 材料（1人分）

中華麺…1玉
無添加ラーメンスープの素（54ページ参照）…1包
水…400ml
甘みそ…大さじ1
ラー油…適宜

◉だしがらトッピング
無添加ラーメンスープの素のだしがら（作り方1でできたもの）…35g
甘みそ…小さじ1
豆板醤…小さじ1/2

◉トッピング
茹でもやし、コーン、バター、きざみネギ、煮卵など…適宜

■ 作り方

1 「基本のラーメンスープ」（56ページ参照）を作り、火を止めて、ざるでこして固形物（ひき肉）と分けておく。

2 みそ味のだしがらトッピングを作る。1のひき肉と甘みそ、豆板醤をフライパンに入れて、弱火で水分がなくなるまで炒める。

3 鍋にお湯を沸かし、中華麺を茹でて、水気をよく切っておく。

4 鍋に1のスープと甘みそを入れて沸かし、味をととのえる。器にスープを入れ、湯切りした中華麺を入れ、2とトッピングをのせる。お好みでラー油をかけてもおいしい。

魔法の調味料

無添加ラーメンスープの素
甘みそ
だけ

ここがポイント！

「みそ×バター×コーン」で本場の味！無添加ラーメンスープの素のだしがら（ひき肉）を使うので、無駄なくおいしく食べられます！

「甘みそ」を使えば、
簡単に味わい深い
スープに！

無添加のやさしい味ととろっとした食感！気持ちまでやさしくなれる

ふんわり仕上げの和風春雨卵スープ

10分

■ 材料（2人分）

無添加鶏ガラスープの素
（55ページ参照）…1包
溶き卵…1/2個分
水…300ml
春雨…15g
かえし…小さじ1
乾燥わかめ…適量

魔法の調味料

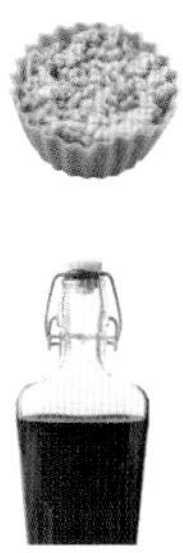
無添加鶏ガラスープの素
かえし
だけ

■ 作り方

1 春雨と乾燥わかめを水またはお湯（分量外）で戻す。鍋に水、無添加鶏ガラスープの素を入れて1分煮出す。

2 春雨、乾燥わかめ、かえしを入れ、溶き卵を入れてふんわり仕上げる。

キノコの風味がたまらない！

キノコたっぷり！中華スープ

10分

■ 材料（2人分）

無添加鶏ガラスープの素
（55ページ参照）…1包
水…300ml
キノコ（えのき、しめじ、舞茸、しいたけなどお好みのもの）…30g
生きくらげ…適量（あれば）
かえし…小さじ1

魔法の調味料

無添加鶏ガラスープの素
かえし
だけ

■ 作り方

1 キノコと生きくらげは小房に分け、食べやすい大きさに切っておく。

2 鍋に水、無添加鶏ガラスープの素を入れて火にかけ1分煮出す。

3 1とかえしを入れてしんなりするまで煮て、できあがり。

春雨が入るので、スープだけでも満腹感ある一品に
キノコときくらげで食物繊維が豊富なスープに！ダイエットにも最適！

バリエーション豊富！「味変煮卵」

まずはこれ！

※漬け込み時間は含まれていません

基本の煮卵

10分

冷蔵：3日

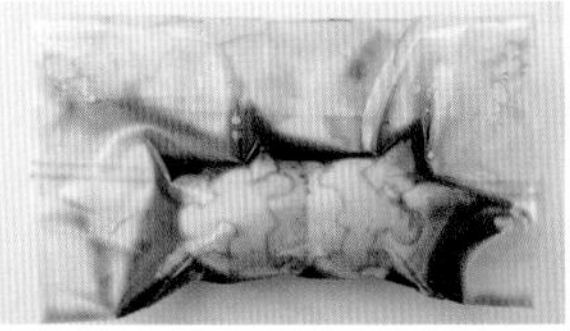

■ 材料（作りやすい分量）

卵…2個
かえし…大さじ2（卵1個につき大さじ1）
水…大さじ2（卵1個につき大さじ1）

■ 作り方

1 鍋に卵がかぶるくらいの水を入れ火にかけ、沸騰したら卵を入れて7分茹でる。茹で上がったら冷水で急冷し、殻をむく。

2 ファスナー式の袋に1の卵、かえし、水を入れ、空気を抜いて口を閉じ、冷蔵庫でひと晩味をしみ込ませる。
★「味変」する場合は、2で卵とすべての材料を袋に入れてひと晩漬け込みます。

調味料はあらかじめ混ぜておきましょう
甘みそ煮卵
「五香粉」は中国の代表的なミックススパイス！
中華風煮卵

こっくりしたみそ味の味玉！

甘みそ煮卵

10分

■ 材料（作りやすい分量）

卵…2個
甘みそ…大さじ1
みりん酒…小さじ2
にんにく（すりおろし）…少々

魔法の調味料 だけ

甘みそ　みりん酒

五香粉《ウーシャンフェン》の香りがアジアンテイスト！

中華風煮卵

10分

■ 材料（作りやすい分量）

卵…2個
かつお、煮干し、昆布などのだし…1カップ
かえし…小さじ1/2
オイスターソース…大さじ1
五香粉…少々

魔法の調味料 だけ

かえし

梅と「司の白だし」の風味が
ベストマッチ！
梅干し煮卵
華やかな香りが
食欲をそそる！
ジャスミン煮卵
ピリッとした大人味の煮卵！
おつまみにも最適
ゆずこしょう煮卵

梅干しのさわやかな酸味が後を引く

梅干し煮卵

10分

■ 材料（作りやすい分量）

卵…2個
梅干し（種を除いて包丁でたたいたもの）…2個分
司の白だし（28ページ参照）…40ml
水…60ml

魔法の調味料

司の白だし

だけ

ふんわり香るゆずがさわやか

ゆずこしょう煮卵

10分

■ 材料（作りやすい分量）

卵…2個
司の2倍濃縮極上めんつゆ（38ページ参照）…50ml
水…150ml
ゆずこしょう…適量

魔法の調味料

司の2倍濃縮
極上めんつゆ

だけ

ジャスミン茶を使ってほんのり上品に

ジャスミン煮卵

10分

■ 材料（作りやすい分量）

卵…2個
かつお、煮干し、昆布などのだし…1カップ
ジャスミン茶…1カップの水で3gの茶葉を煮出したもの
かえし…大さじ2
紹興酒…少々

魔法の調味料

かえし

だけ

COLUMN

週末に子どもと
一緒に作れる!
簡単で、味しみしみ!

うまさとろける焼豚

20分

つくりおきOK!
冷蔵:1週間

■ 材料(作りやすい分量)

豚肉ブロック(バラまたは肩ロース)
…(5×10×2cmくらいのもの)ひと塊
かえし…大さじ1
みりん…大さじ1

■ 作り方

1 豚肉は、室温に戻しておき、5×10×2cmの大きさに切る。
2 厚手のフライパンに油適量(分量外)を入れて、すべての面を弱火で焦げ目がつくように焼く。
3 仕上げに、かえしとみりんを加え、全体に絡ませて火を止め、蓋をして10分程度蒸し焼きにする。
4 食べやすい厚さにスライスする。

ラーメンの具としてあったらうれしい焼豚。手作りは難しいと思われがちですが、じつはとても簡単に作れます。
ここで紹介するレシピは、食育のイベントなどで子どもでも失敗なく作れるように開発したもの。
材料や工程をできるだけシンプルにしていて、「驚くほど簡単でおいしい!」と大好評のレシピです。
ラーメンだけでなく、焼豚丼やチャーハンの具として、お酒のおつまみにも最適です。
時間がかからないので、多めに作っておくと便利です。
ファスナー付きの保存袋に入れて冷蔵庫で一日寝かせると、さらに味がしみておいしくなります。
もちろん、子どもと一緒に作るのもおすすめです!

第5章

食べたかったあの味を再現！　ハマる人続出！

日本全国の味わいを家庭で楽しもう！

「ご当地グルメレシピ」

「鮭の焼き漬け」
新潟県
「ひっぱりうどん」
山形県
「いただき」
鳥取県
「みそ焼きごはん」
愛知県知多半島
「ちしゃなます」
山口県
「だぶ汁」
福岡県朝倉市
「トンテキ」
三重県四日市市

タレにかえしを使うから、
さらにコクが増します！

濃厚なタレが豚肉と最高の相性！

これはクセになる！
こってり「トンテキ」（三重県四日市市）

20分

■ 材料（2人分）

豚肉（厚切り）…150g×2枚
にんにく…1片
オリーブ油…小さじ1

◉タレ
ウスターソース…大さじ1
ケチャップ…大さじ1
かえし…大さじ1
みりん…大さじ1
片栗粉…小さじ1/2

◉付け合わせ野菜
キャベツの千切り、トマトなど…適量

■ 作り方

1 豚肉は脂身と赤身の境目に切り込みを数カ所入れ、手のひらのようなグローブカットにしておく。

2 フライパンにオリーブ油とスライスしたにんにくを入れ、弱火で香りが出るまで加熱し、にんにくはいったん取り出しておく。

3 豚肉を強火で焼き、焼き色が付いたら裏返し、中火にして中まで火を通す。

4 あらかじめ材料を混ぜておいたタレを加え、とろみが出たら、2のにんにくチップをのせる。付け合わせ野菜をのせた器に盛り付ける。

魔法の調味料

かえし

だけ

ここがポイント！

グローブカットにすることで肉の焼き縮みを防ぎ、見た目のボリューム感もアップします！

「貝の旨味」×「みその深い味わい」でごはんがすすむ！

酒のつまみにもなる! ホタテ鍋の香ばし「みそ焼きごはん」(愛知県知多半島)

10分

魔法の調味料

だけ
甘みそ

■ 材料（2人分）

ホタテ貝（殻のみ使用）…2枚
ごはん…2杯分
甘みそ…大さじ2
酒…小さじ2
長ネギ（白い部分）…1/2本
卵黄…2個

■ 作り方

1 ホタテ貝の殻に、甘みそ、酒を入れて溶き、白髪ネギ（長ネギを縦半分に切り、繊維の向きに細く切ったもの）をのせてグリルで焼く。

2 グツグツしてきたら、真ん中に卵黄を入れて火を止める。

3 混ぜながら、温かいごはんにのせていただく。

ここがポイント！

知多半島の郷土料理で、余ったホタテの殻を利用したエコな一品。グリルを使って香ばしく焼き上げましょう！

焼きみそは
お酒との相性もバツグン！
卵黄がいい仕事してます！

旨味たっぷりのつゆを含んだ鮭は絶品！

つくりおきにも最高! 冷凍保存できる「鮭の焼き漬け」（新潟県）

15分

つくりおきOK！
冷凍：3カ月

魔法の調味料
だけ
かえし

材料（2人分）

鮭（切り身）…2切

◉漬け汁
- 司の「和だし」（38ページ参照）…200ml
- かえし…大さじ2
- みりん…大さじ2
- 酒…大さじ1
- しょうが（薄切り）…適量

作り方

1. 鮭は皮にパリッと焦げ目がつくまでグリルで焼く。
2. 鍋に漬け汁の材料を入れて煮立て、冷ましておく。
3. 鮭が熱いうちに、冷ましておいた漬け汁に浸す。味がなじんだら、器に盛り付ける。

ここがポイント！

新潟ではまとめてつくりおきすることも多いそう。時間がないときなど、さっと取り出せて便利ですよ！

つくりおきできるから、
忙しいときにも便利！

食物繊維豊富な
根菜類が一椀でたくさん
とれるのがうれしい！

滋味豊かで食べごたえ満点のごちそう汁！

舌もお腹も大満足!
あったか、とろ～り「だぶ汁」（福岡県朝倉市）

15分 ※しいたけの戻し時間を除く

材料（2人分）

鶏もも肉…50g
にんじん…40g（1/3本）
ゴボウ…1/4本
里芋…1個
こんにゃく（アク抜きタイプ）
…1/4枚
干ししいたけ
（あらかじめ戻しておく）…1枚
しいたけの戻し汁…100ml
司の「和だし」（38ページ参照）
…300ml
かえし…小さじ2
塩…少々
本くず粉…大さじ2

作り方

1 野菜と鶏もも肉、こんにゃく、しいたけは、小さく角切りする。

2 鍋に司の「和だし」としいたけの戻し汁を入れて、1を入れて煮る。

3 具材が煮えたら、かえしと塩で味をととのえる。

4 仕上げに同量の水で溶いたくず粉を入れてとろみをつけ、お椀に盛り付ける。

魔法の調味料 だけ

かえし

ここがポイント！

くず粉を使うことで、舌触りがよくさらっとした仕上がりになります。くず100%の「本くず粉」がおすすめです！

生米と野菜を
油揚げに詰めて
炊飯器で炊くだけ！
逆発想がおもしろい！

15分
※しいたけの戻し時間、炊飯時間を除く

郷土料理なのに新しい！

新感覚おいなりさん！「いただき」（鳥取県）

つくりおきOK！
冷凍：1カ月

魔法の調味料 だけ

かえし

ここがポイント！

具材を油揚げに詰めて、炊飯器で炊くだけ！まとめてたくさん作って、冷凍保存ができるので便利です！

材料（2人分）

白米…200g
油揚げ…3枚
ゴボウ…1/2本
にんじん…1/4本
干ししいたけ
（あらかじめ戻しておく）…2枚

◉調味液
しいたけの戻し汁…240ml
かえし…大さじ2
みりん…大さじ1

作り方

1 米はといで浸水させてからざるに上げておく。油揚げは半分に切っておく。ゴボウは細かいささがき、にんじん、しいたけは細かい角切りにする。

2 ボウルに米と野菜を入れて混ぜる。6等分して油揚げに詰め、楊枝で止める。

3 炊飯器に2を並べて入れ、調味液を加えたら、普通モードで炊く。

青魚や納豆と一緒に食べるから、栄養バランスも満点！

15分

ストック食材で作れる！サバ缶入り 超ヘルシー「ひっぱりうどん」（山形県）

■ 材料（2人分）

うどん（乾麺）…200g
司の2倍濃縮極上めんつゆ
（38ページ参照）…適量
かつお節…適量

◉薬味
納豆（小粒）…2パック
サバ水煮缶…1缶
小ネギ…2本
大葉…2枚
みょうが…1本

■ 作り方

1 小ネギは小口切り、大葉、みょうがは細切りにしておく。納豆はかき混ぜておく。

2 土鍋にお湯を沸かし、規定どおりに茹でたうどんを入れて温める。仕上げにかつお節をのせる。

3 別鍋にめんつゆを入れてひと煮立ちさせ、お好みで納豆、サバ水煮缶などを器に盛る。うどんにつゆをつけて、薬味と一緒にいただく。

魔法の調味料 だけ

司の2倍濃縮
極上めんつゆ

ここがポイント！

納豆やサバ水煮缶など、ヘルシー食材が満載！夏は冷やして食べてもおいしいです。お好みの具材でどうぞ！

熱々の鍋からうどんを
ひっぱることから
付いた名前がユニーク！
「ひきずりうどん」とも

甘酢で作るから、酸味がまろやか！

サラダ感覚のさっぱり「ちしゃなます」（山口県）

15分

魔法の調味料

甘酢

だけ

■ 材料（2人分）

サニーレタス…1/2玉
アジの干物…1尾
甘酢…適量
白すりごま…適量

■ 作り方

1 サニーレタスを洗って、手でもみ、水気をよく絞っておく。

2 アジはグリルで焼いて身をほぐしておく。

3 ボウルに1と2を混ぜ、甘酢をかける。

4 器に盛り付け、白すりごまをふりかける。

ここがポイント！

本来は「かきちしゃ」という郷土野菜を使っていましたが、現代ではサニーレタスで代用されることが多いです

やさしい酸味で、
野菜がたくさん
食べられます！

第6章

小料理屋のあの味を再現！

お酒がすすむ！ 副菜にもなる！

居酒屋の味を再現！「司の絶品おつまみ」

旬の食材を積極的に使うと、小料理屋感が格段にアップする！

10分

大人のおつまみの代表格！ホタルイカとウドのからしみそ和え

■ 材料（2人分）

ホタルイカ（ボイル）…6個
ウド…1/3本
白みそ…大さじ1
甘酢…小さじ2
練りからし…適量

■ 作り方

1 ウドは、皮をむき、拍子木切りにする。お酢少々（分量外）を入れた水に浸けてアクを抜き、キッチンペーパーで水気を拭いておく。

2 ボウルに白みそ、甘酢、練りからしを加え、混ぜておく。

3 2のボウルに1、ホタルイカを入れて和え、器に盛り付ける。

魔法の調味料 だけ

ここがポイント！

ホタルイカの旬、春においしい料理。ホタルイカがない場合は茹でダコでもOKです！

季節を感じる通な一品！「魔法の調味料」なら簡単にできます！

時短でコスパ最高！ヘルシーおつまみ

旨味たっぷり！キノコの酒蒸し

5分

魔法の調味料 甘みそ だけ

■ 材料（2人分）

キノコ（舞茸、しめじ、えのきなど、お好みのもの）…200g
酒…50ml
甘みそ…小さじ2

■ 作り方

1 キノコは小房にほぐし、食べやすい大きさに切るなどして鍋に入れる。

2 酒、甘みそを加え、蓋をして弱火で3分ほど蒸し煮する。

3 しんなりしたら火を止めて、全体を混ぜる。

ここがポイント！

キノコをたっぷり食べられる、ヘルシーな時短料理。キノコはいろいろな種類を使うと、味に深みが増します！

爆速でできる！
最初の一皿に最適！

お揚げ、チーズ、甘みその絶妙な組み合わせが◎！

和と洋の合わせワザ！新感覚！マジで超簡単すぎる油揚げのチーズはさみ焼き

10分

■ 材料（2人分）

油揚げ…1枚
スライスチーズ…2枚
甘みそ…適量

■ 作り方

1 油揚げは半分に切り、真ん中を開いて袋状にする。

2 油揚げの内側に甘みそを塗り、スライスチーズをはさむ。

3 フライパンに2を入れ、弱火でチーズが溶け、両面に焦げ目がつくまで加熱する。

4 食べやすい大きさに切って盛り付ける。

魔法の調味料

甘みそ

だけ

ここがポイント！

ピザ用チーズなど、お好みのチーズを使ってもOK！ チーズ好きな人は増量してください！

簡単なのに
食べごたえある一品！
子どもも大好き！

旬の味わいを存分に楽しむ！

かえしだから、爆速で作れる！シンプルだけど絶品！焼きたけのこ

10分

魔法の調味料

かえし

だけ

■ 材料（2人分）

たけのこ（小。生を茹でたもの。水煮でも可）…1本（約150g）

かえし…大さじ1

みりん…大さじ1

油…適量

山椒の葉…適量

■ 作り方

1 たけのこは縦半分に切り、食べやすい大きさにスライスする。根元は輪切りにする。

2 フライパンに油をひき、たけのこを入れ、弱火で両面を焼く。

3 焦げ目がついたら、仕上げにかえしとみりんを入れて、絡めたら火を止める。

4 器に盛り付けて、山椒の葉をのせる。

かえしとみりんで、素材の味が引き立つ！

ここがポイント！

たけのこは旬の生を茹でたものが風味があっておいしいです。えぐ味の少ない小さいサイズがおすすめです！

イカとパプリカの歯ごたえが楽しい！

冷蔵庫干しで、イカの旨味が倍増！彩りイカの炒り焼き

冷蔵庫で簡単に
干しイカができる！

10分

※干し時間を除く

魔法の調味料

かえし

だけ

■ 材料（作りやすい分量）

イカ(下処理してあるもの)…1杯
パプリカ…1/2 個
かえし…大さじ1
酒…大さじ1
油…適量
黒七味(または七味)…適量

ラップなしで冷蔵庫に入れましょう。

■ 作り方

1 バットの上に網をのせ、生のイカを並べて、ラップなしで冷蔵庫でひと晩干す。

2 冷蔵庫から出したイカを食べやすい大きさに切り、フライパンに油を入れて、イカと細切りにしたパプリカを炒める。

3 仕上げに、かえしと酒を回し入れ、火を止める。黒七味をふりかける。

ここがポイント！

イカは冷蔵庫の中でひと晩干すことによって、余分な水分が蒸発して、旨味が増します！

簡単なのがうれしい、中華風浅漬け！

これぞ本格中華前菜の定番! 大人の逸品 辣《ラー》白《パー》菜《ツァイ》

10分

つくりおきOK！
冷蔵：3日

魔法の調味料 だけ

甘酢

■ 材料（作りやすい分量）

白菜…4枚
にんじん…1/2本
塩…適量

◉甘酢ダレ
甘酢…約50ml
ごま油…適量

唐辛子（輪切り）、白いりごま…適量

■ 作り方

1 白菜とにんじんは、繊維に沿って縦に細切りにしておく。

2 1に塩をまぶして、しんなりするまでしばらく置き、水気を絞る。

3 2にあらかじめ混ぜておいた甘酢ダレを適量かけ、唐辛子、白いりごまを飾る。

ここがポイント！

たくさん作ってつくりおきしてもOK。「甘酢ダレ」は白菜の量によって加減しながら入れてくださいね！

余り野菜をおいしく使い切る節約料理！野菜を補いたいときにも最高！

大根おろしとかえしの相乗効果！

最高のダイエット料理！焼きしいたけのおろし和え

■ 材料（2人分）

10分

しいたけ…4枚
大根おろし…大さじ3
かえし…少々
レモン…少々

魔法の調味料

かえし

だけ

■ 作り方

1 しいたけは石づきを取り、グリルで弱火で約5分焼く。

2 手で食べやすい大きさにさいておく。

3 ボウルにしいたけ、大根おろしを和えて、かえしをかけ器に盛り付ける。お好みでレモンを絞る。

かえしの甘みが、
キノコのおいしさを引き立てる！
エリンギでもおいしく作れます！

豆板醤のほどよい刺激で、お酒がすすむ！

なすの中華風ピリ辛和え

■ 材料（2人分）

10分

なす…2本
かえし…小さじ2
豆板醤…適量（お好みで）
ごま油…小さじ1
白すりごま…適量

魔法の調味料

かえし

だけ

■ 作り方

1 なすは半月切りにする。フライパンにごま油（分量外）を入れて、なすを並べ、蓋をして弱火で蒸し焼きにする。

2 かえし、豆板醤、ごま油、白すりごまを混ぜておく。

3 焼き上がったなすを2で和えて器に盛り付ける。きざんだ大葉をのせてもおいしい。

豆板醤を
ゆずこしょうに変えると、
さわやかな和風おつまみに

第7章

すべて20分以内でできる!

時間がない日の救世主!

「爆速レシピ」
&
「手軽にもう1品！ 副菜レシピ」

鶏肉と長ネギは相性バツグン！

ワイルドにがっつり食べたい！
鶏のくわ焼き

15分

材料（2人分）

鶏むね肉…1枚
小麦粉…適量
長ネギ…1本
酒…50ml
かえし…大さじ1
みりん…大さじ1
油…適量
一味唐辛子…適宜

作り方

1 鶏むね肉は、薄くそぎ切りにして、小麦粉を薄くまぶしておく。長ネギは5cmほどの長さに切っておく。

2 フライパンに油を入れ、1の鶏肉を両面焼き、いったん取り出す。長ネギを入れ、焦げ目がつくくらいに焼いておく。

3 鶏肉を戻し、酒、かえし、みりんを入れて中火で全体に絡める。ほどよく絡んだら、火を止めてできあがり。お好みで一味唐辛子をかける。

魔法の調味料

かえし

だけ

ここがポイント！

「くわ焼き」は農作業の合間に野鳥などを捕り、鍬《くわ》の上で焼いたのが始まりといわれるワイルドな料理です

焼いて、調味料を
絡めるだけ！
シンプルにおいしい！

ほんのりお酢の風味が食欲をかきたてる！

これぞ新定番！ 甘酢レンコンきんぴら

「あともう1品」
欲しいときにはコレ！

魔法の調味料

甘酢

だけ

材料（2人分）

レンコン…小1節
にんじん…2/3本
ごま油…適量
しょうゆ（あれば薄口）…小さじ1
みりん…大さじ1
甘酢…大さじ1
唐辛子（輪切り）…適宜
白いりごま…適宜

作り方

1 レンコンは皮をむいていちょう切りにし、にんじんは縦半分にして斜め切りする。

2 フライパンにごま油を入れてレンコン、にんじんを軽く炒める。

3 2にしょうゆ、みりん、甘酢を入れて、水気がなくなるまで炒める。

4 器に盛り付けて、唐辛子、白いりごまを飾る。

ここがポイント！

薄口しょうゆを使うと、野菜の色がきれいに仕上がるので、おすすめです！

シンプルで
コスパ最強の
家計の味方！

カレー風味がごはんに合う！永遠に食べられる！

もやしと豆苗の無限カレー炒め

5分

材料（2人分）

もやし…1/2袋
豆苗…1/2パック
オリーブ油…適量
かえし…小さじ1
カレー粉…小さじ1
塩、こしょう…適量

作り方

1 豆苗は根を切り取り、半分に切る。
2 ボウルにかえしとカレー粉を入れて混ぜておく。
3 フライパンにオリーブ油を入れて、もやしと豆苗をさっと炒める。
4 2を加え、軽く炒めて塩、こしょうで味をととのえ、全体に混ざったら火を止める。

魔法の調味料

かえし

だけ

ここがポイント！

最初にカレー粉をかえしと混ぜておくことで、ダマにならずにムラなく仕上がります！

煮込み時間短縮でも、
「甘みそ」なら
深みが出ます

洋風のトマト煮込みにみそを加えて、コク味豊かに！

「和食×イタリアン」の新融合！サバのこっくりみそトマトソース煮

20分

魔法の調味料 だけ

甘みそ

■ 材料（2人分）

サバの切り身…2切
にんにく（みじん切り）…1片
オリーブ油…適量
トマト水煮缶…200g（1/2缶）
甘みそ…小さじ2
酒…大さじ1
タイム枝（あれば）…適量

■ 作り方

1 フライパンににんにく、オリーブ油を入れて火にかけ、香りが出てきたら、サバを皮目から焼く。両面焼けたら、サバは取り出しておく。

2 1のフライパンにトマト缶を（ホールの場合は手でつぶしておく）入れて、甘みそ、酒、タイム枝を加えて5分ほど煮る。

3 サバを戻して、味をなじませたら、できあがり。

ここがポイント！

ハーブが魚の臭みを消します。生のタイムが手に入らない場合は、ドライタイプでもOKです！

昆布や根菜の旨味をたっぷり含んだ煮豆は「副菜の定番」！

滋味香る！風味豊かなおかず五目煮豆

30分 ※しいたけの戻し時間を除く

つくりおきOK！
冷蔵：1週間

材料（作りやすい分量）

大豆（蒸し大豆または水煮）…200g
昆布（約10cm×10cm）…1枚
干ししいたけ（戻しておく）…2枚
にんじん…1/3本
ゴボウ…1/4本
レンコン…小1節
こんにゃく…1/2枚
しいたけの戻し汁…200ml
かえし…大さじ2
みりん…大さじ2
しょうゆ…大さじ1

作り方

1 干ししいたけは水に浸け、冷蔵庫でひと晩戻しておき、角切りする。

2 昆布は5mm角にハサミで切る。

3 にんじん、ゴボウ、レンコンは角切りにしておく。

4 こんにゃくは塩茹でして角切りにしておく。

5 鍋に材料を全部入れて、強火にかけ、沸騰したら蓋をして弱火で20分煮る。

6 軽く混ぜ、火を止め味がなじんだら完成。

魔法の調味料 だけ

かえし

ここがポイント！

干ししいたけは前日から冷蔵庫でひと晩かけて戻すことで、しいたけの旨味が存分に引き出せます！

じゃがいもを水にさらして、
シャキッとした歯ごたえに！

甘みそとじゃがいもが合う！ごはんのおかわり必至！

シャキシャキがたまらない！じゃがいもの甘みそ炒め

10分

魔法の調味料　甘みそ　だけ

材料（2人分）

じゃがいも(中)…2個
甘みそ…大さじ1
みりん…大さじ1
長ネギ（白い部分）
…適量（5cm分くらい）
ごま油…大さじ1

作り方

1. じゃがいもは薄い拍子木切りにし、流水で10分さらして、水気をよく拭き取る。
2. 白髪ネギも作っておく。甘みそとみりんはボウルで混ぜておく。
3. フライパンにごま油を入れ、じゃがいもを中火でさっと炒める。
4. 混ぜておいた調味料を加えて、炒めすぎないよう気をつけながら、じゃがいもに味を絡める。
5. 火を止めて器に盛り、白髪ネギをかけてできあがり。

ここがポイント！

じゃがいもは水にさらすと、ベタつきがなくなります。炒めすぎるとシャキシャキ感がなくなるので要注意です！

鍋に材料と甘みそを入れて、ほったらかしでOK!

これぞ神速!キャベツ入りサバ缶みそ煮

10分

魔法の調味料

甘みそ

だけ

■ 材料（作りやすい分量）

サバ水煮缶…1缶
キャベツ…6枚
甘みそ…大さじ1
塩、こしょう…適量

■ 作り方

1 キャベツはざく切りしておく。

2 鍋にキャベツとサバ缶を汁ごと入れ、甘みそを上にのせて蓋をして弱火で5分ほど煮る。

3 しんなりしてきたら、全体を混ぜる。味をみて塩、こしょうで味をととのえる。

ここがポイント!

水煮缶を使うので、時短できるのがうれしい! サバ缶の他、サンマ缶でもおいしくできますよ!

甘酢を使ったさっぱり仕上げがうれしい！

レンコンとにんじんの超ヘルシーごま酢和え

10分

つくりおきOK！
冷蔵：3日

魔法の調味料 甘酢 だけ

材料（2人分）

レンコン…1/2節
にんじん…1/6本
ゴボウ…1/4本
かいわれ大根…適量
塩…ひとつまみ
酒…大さじ1
甘酢…大さじ2
白すりごま…適量

作り方

1 レンコンは縦に短冊切りし、にんじんは細切りする。ゴボウは薄めのささがきにする。

2 鍋に1を入れて塩をふりかけ、酒を入れて蓋をして、ごく弱火で5分蒸し煮する。

3 ざるに上げて水気を取り、ボウルに移す。熱いうちに甘酢をかける。

4 かいわれ大根をきざんで和える。仕上げに白すりごまをふりかけて、器に盛り付けて完成。

ここがポイント！

最初に酒で蒸し煮にすることで、根菜の旨味が引き出されます。甘酢でさっぱり食べられます！

これは必ず押さえておきたい！

絶対間違いない牛肉のしぐれ煮

15分

つくりおきOK！
冷蔵：3日

■ 材料（作りやすい分量）

牛こま切れ肉…200g
しょうが…1片
かえし…大さじ2
みりん…大さじ2
水…40ml

魔法の調味料

かえし

だけ

■ 作り方

1 牛肉は、食べやすい大きさに切っておく。しょうがは千切りにしておく。

2 鍋に水、すべての調味料を入れて強火で煮立てる。

3 牛肉としょうがを入れ、汁気がなくなるまで炒り煮にする。

牛肉は煮すぎると固くなるので、後から入れるのがポイント！

しいたけの旨味を凝縮！

しいたけのつやつや煮

20分

※しいたけの戻し時間を除く

つくりおきOK！
冷蔵：1週間

■ 材料（作りやすい分量）

干ししいたけ（戻しておく）…8枚
しいたけの戻し汁…150ml
酒…100ml
かえし…大さじ2
みりん…大さじ2
砂糖…大さじ1

魔法の調味料

かえし

だけ

■ 作り方

1 干ししいたけは、水に浸け、冷蔵庫でひと晩戻しておく。

2 戻したら軸を切り取っておく。

3 鍋にしいたけの戻し汁、すべての調味料、干ししいたけを入れる。

4 落とし蓋をして弱火で柔らかくなるまで10分ほど煮詰める。火を止め、味をなじませて完成。

多めに作って、ストックしておくと便利！きざんで混ぜ寿司などにも使える！

油は後から回しかけることで、
酸化を防ぎ、
しつこくならない！

生のひじきは、
シャキシャキした
歯ごたえが特徴

やっぱりこれがあったらうれしい！

ほっこりする卵の花煮

■ 材料（作りやすい分量）

15分

※しいたけの戻し時間を除く

つくりおきOK！
冷蔵：3日

おから…100g
長ネギ…1/2本
ゴボウ…1/2本
にんじん…1/2本
油揚げ（油抜きしておく）
…1/2枚
干ししいたけ（戻しておく）
…2枚
しいたけの戻し汁…300ml
かえし…大さじ2
みりん…大さじ2
油…大さじ2
いんげん…少々

魔法の調味料

かえし

だけ

■ 作り方

1 前の晩から戻しておいたしいたけを5mm程度の細切りにしておく。いんげんは茹でておく。

2 長ネギは小口切り、にんじん、油揚げは細切り、ゴボウはささがきにする。

3 鍋におから、1と2、しいたけの戻し汁、かえし、みりんを入れ、蓋をして10分ほど弱火で煮る。

4 仕上げに油を回し入れ、ひと煮立ちさせて火を止める。器に盛り、斜め切りにしたいんげんをのせる。

和食といえば、やっぱりこれ！

ド定番のひじき煮

■ 材料（作りやすい分量）

15分

つくりおきOK！
冷蔵：3日

生ひじき…100g
たまねぎ…1/2個
にんじん…1/3本
油揚げ（油抜きしておく）
…1/2枚
大豆（水煮）…50g
司の「和だし」（38ページ参照）
…80ml
かえし…大さじ2
みりん…大さじ1
油…適量

魔法の調味料

かえし

だけ

■ 作り方

1 ひじきはたっぷりの水でよく洗っておく。たまねぎはスライス、にんじんは千切り、油揚げは短冊切りにする。

2 鍋に油をひいてたまねぎを炒める。塩少々（分量外）をふり、火がある程度通ったらひじき、にんじん、油揚げ、大豆を入れ、司の「和だし」、かえし、みりんを加える。

3 蓋をして煮立ったら火を弱め、5分ほど煮る。

4 火を止めて軽く混ぜ、冷まして味がなじんだら完成。

きざみネギを散らして、
オリーブ油の代わりに
ごま油を使うと中華風に！

キノコの旨味たっぷりの深い味わい！

深すぎて、うますぎる！キノコの黒酢ごま和え

■ 材料（作りやすい分量）

5分

つくりおきOK！
冷蔵：3日

キノコ（舞茸、しめじ、エリンギなどお好みのもの）…100g
オリーブ油…適量
塩、こしょう…適量
黒酢…小さじ1
かえし…小さじ1
白すりごま…適量
イタリアンパセリ（またはパセリ）…適量

魔法の調味料

かえし

だけ

■ 作り方

1 キノコは、石づきを取り除き、小房に分けておく。

2 フライパンにオリーブ油を入れ、キノコを中火でしんなりするまで炒め、塩、こしょうする。

3 仕上げに、黒酢とかえしを入れて絡め、火を止めて、白すりごまを加える。

4 器に盛り付けて、イタリアンパセリを飾る。

保育園の食育イベントで
生まれた定番レシピ！
魚嫌いな子どもも大好き！

材料を混ぜ込むだけの手間いらず！

タイムパフォーマンス最高！いりこと昆布の佃煮

■ 材料（作りやすい分量）

5分

食べるいりこ…10g
きざみ昆布…5g
かつお節…5g
白いりごま…5g
甘酢…10ml
かえし…10ml

魔法の調味料

かえし　甘酢

だけ

■ 作り方

1 ビニール袋にいりこ、きざみ昆布、かつお節、白いりごまを入れてよく混ぜる。

2 甘酢、かえしを加え、よくもみ込んだら、できあがり。

梅を使ってさっぱりと！

食欲のない日でも、これなら食べられる！

ごはんのお供に、おつまみに！ 超さっぱり！ 梅干し入り鶏そぼろ

10分

つくりおきOK！
冷蔵：1週間

■ 材料（作りやすい分量）

鶏ひき肉…200g
梅干し…2個
かえし…大さじ2
酒…大さじ1
みりん…大さじ1
しょうが（すりおろし）
…大さじ1

魔法の調味料

かえし

だけ

■ 作り方

1 梅干しは種を取り除き、包丁できざんでおく。

2 鍋に1とすべての材料を入れて中火にかけ、炒り煮にする。

3 火が通って味がなじんだら完成。

梅を入れることで、
しっとりした仕上がりに！
つくりおきしたい一品！

梅の酸味とキャベツの旨味が引き立つ！

かつお香る！ 梅干し入り 蒸しキャベツ

10分

■ 材料（2人分）

キャベツ…4枚
梅干し…1個
かえし…小さじ1
酒…大さじ2
かつお節…適量

魔法の調味料

かえし

だけ

■ 作り方

1 キャベツはざく切りしておく。梅干しは種を除いて、小さくちぎっておく。

2 鍋にキャベツを入れ、梅干しを全体にのせる。

3 かえしと酒をまわし入れ、蓋をして弱火で蒸し煮する。

4 全体を混ぜて、器に盛り付ける。かつお節をふりかけて完成。

梅とかつおの風味が後を引く！
野菜がたっぷり食べられる、
ほったらかしレシピ

COLUMN

プロの「バラ凍結」の技術を応用！
おいしさを損なわず冷凍保存でき、時短にもなる！

プロが教える！「冷凍保存のコツ」

パセリ

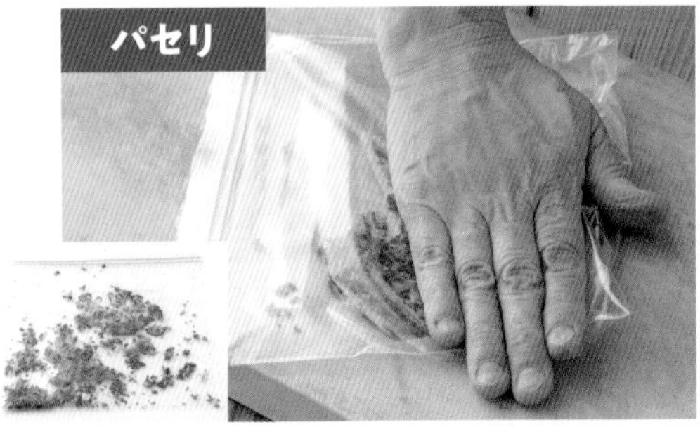

あるとうれしい料理のアクセント！
きざむ手間なし！

洗ったパセリをファスナー式の袋に入れて冷凍庫で凍結させます。翌日、袋の上から手で軽くたたくとパセリがパラパラになり、葉と茎が分かれます。茎だけを取り除き、そのまま冷凍保存します。

肉類

冷凍焼けを防ぎ、
必要な分だけ取り出せて便利！

肉を小分けにしてラップにのせ、手で押して空気を抜いて包みます。バットに並べて凍結させ、翌日、ラップのままファスナー式の袋に入れ冷凍保存。使うときは必要分を取り出し、ラップのまま解凍します。

＊写真はひき肉を使用。薄切り肉などでも同様に冷凍可能です

たまねぎ

スープやカレーのベースが時短で完成！

薄切りにしてバットで凍結させ、翌日ファスナー式の袋に入れ直して冷凍保存。凍結で水分が飛ぶので「あめ色たまねぎ」も時短でできます。凍ったままバターで炒めてベーコン、塩こしょうで味付けし、無添加コンソメスープの素（55ページ参照）を加えて簡単スープにも。

エビ（魚介類）

氷の膜で乾燥を防ぐから、
くっつかずに1尾ずつ取れる裏ワザ！
プリプリ食感が半年も持続！

エビを殻つきのままバットに並べて凍結し、翌日、氷水を入れたボウルにエビを入れ、30秒ほどよくかき混ぜます。エビに氷の膜ができたら、再度バットで2～3時間凍結。その後、ファスナー式の袋に入れて冷凍保存します。

第8章

『安部ごはん』読者の声にお応えしました!

冷蔵庫のはじっこ食材も使える

「たまねぎ酢&みりん酒活用術」

「どうやって使えばいいの?」「もっとレシピが知りたい!」
という読者の声にお応えして、「たまねぎ酢」と「みりん酒」の
さらなる活用法を紹介します!

たまねぎのフレーバーがほんのり香る！

これぞ新定番！大人のたまねぎ酢の卵サンド

きざみたまねぎと
黒こしょうがアクセント！

15分

材料（2人分）

卵…2個
食パン（8枚切）…4枚
マヨネーズ…大さじ2
たまねぎ酢のきざみたまねぎ
（たまねぎ酢の固形分を取り出し、水気を切っておく）…大さじ1
塩、黒こしょう…適量
バター（室温に戻す）…適量
ハーブ類（飾り用）…適宜

作り方

1 鍋にお湯を沸かし、沸騰したら卵を8分半茹でる。茹で上がったら、氷水で冷やしてから殻をむく。

2 卵をボウルに入れて粗くつぶす。たまねぎとマヨネーズを入れて混ぜ、塩、黒こしょうで味をととのえる。

3 2枚の食パンの片方だけに、室温に戻したバターを塗り、2をまんべんなくのせもう1枚の食パンではさむ。ラップで密着させるように包み、冷蔵庫でなじませる。同様にもう1つ作る。

4 ラップを外して半分に切り、お好みでハーブをのせる。

魔法の調味料

たまねぎ酢

だけ

ここがポイント！

たまねぎ酢の固形分をピクルス代わりに使った卵サンド。ラップしたあと冷蔵庫に入れると、きれいに切れます

サンドイッチにしても
おいしい!

クリーミーなアボカドと、ホクホクポテトのコラボ!

見た目も鮮やか!
新感覚!アボカドポテトサラダ

20分

■ 材料(2人分)

じゃがいも…2個
たまねぎ…1/4個
アボカド…1/2個
レモン果汁…少々
パセリ(みじん切り)…適量
塩、こしょう…適量

◉ドレッシング
たまねぎ酢(お好みで粒ごと)…大さじ1
マヨネーズ…大さじ1
マスタード…小さじ1

■ 作り方

1 じゃがいもは皮付きのまま、中に火が通るまでまるごと茹でる。たまねぎはスライスして塩をふっておく。アボカドは種を除き、実をスプーンで取り出して、レモン果汁をかけておく。

2 たまねぎ酢、マヨネーズ、マスタードを混ぜておく。

3 じゃがいもの皮をむき、つぶす。水気を絞ったたまねぎ、アボカドを加え、2のドレッシングで和える。

4 塩、こしょうで味をととのえ、器に盛り付けて、パセリをかける。

魔法の調味料

たまねぎ酢

だけ

ここがポイント!

じゃがいもは皮をむかずに茹でるのがポテトサラダのコツ。風味が残り、格段においしくなります!

漬け込んだ
たまねぎを使うから、
後引くうまさ！

箸がすすむ！さっぱりなのに深い味わい！

揚げないから超簡単！厚揚げの南蛮漬け

15分

つくりおきOK！
冷蔵：3日

魔法の調味料

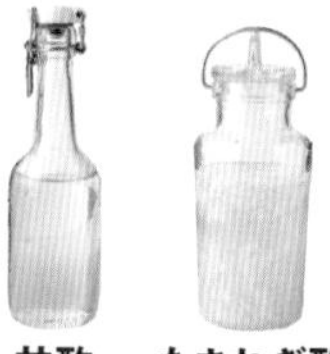

甘酢　たまねぎ酢

だけ

■ 材料（2人分）

厚揚げ…1枚
たまねぎ酢のきざみたまねぎ…大さじ2
にんじん…50g（1/3本）
みょうが …1本
かいわれ大根…1/4パック
国産レモン（あれば）…1/8個

◉南蛮漬けマリネ液
甘酢…100ml
しょうゆ（薄口）…大さじ1
唐辛子（輪切り）…適宜
しょうが（すりおろし）…小さじ1

■ 作り方

1. マリネ液の材料を鍋に入れて強火で沸騰させたら火を止めておく。厚揚げはひと口大に切り、オーブントースターまたはグリルで5分焼いておく。
2. にんじんとみょうがは千切り、レモンはイチョウ切りにする。
3. 器に厚揚げを並べ、きざみたまねぎ、にんじんをのせて、熱いうちにマリネ液をかける。粗熱が取れたら、みょうが、かいわれ大根、レモンをのせて完成。

ここがポイント！

薬味にパクチーを使うとタイ風に、レモンをかぼすやゆずにすると、和風になります！

トマトにたまねぎ酢をかけるだけ！

かけるだけ! トマトのさっぱりコクうまサラダ

5分

魔法の調味料

だけ

たまねぎ酢

材料（2人分）

トマト…1個
たまねぎ酢…適量
大葉（細切り）…適量

作り方

1 トマトを3mm程度の薄切りにして器に並べ、たまねぎ酢をかけ、切った大葉を彩りよくのせてできあがり。

ここがポイント!

たまねぎ酢の代わりに甘酢を使うと酸味がマイルドになるので、子どもでも食べやすくなりますよ！

定番の簡単サラダも、たまねぎ酢で旨味がアップ！

シャキシャキ感がクセになる！

ワインにも日本酒にも合う！白菜とりんごのサラダ

10分

■ 材料（2人分）

白菜…2枚
りんご…1/4個
くるみ（ロースト）…1/4カップ
甘酢…大さじ2
たまねぎ酢…大さじ2
オリーブ油…小さじ1
塩、こしょう…適量

■ 作り方

1 白菜は繊維に沿って細めの短冊切りにして、塩をふってしんなりするまでしばらく置き、水気を絞っておく。りんごは薄いイチョウ切りにする。くるみは粗くきざんでおく。

2 ボウルに甘酢、たまねぎ酢、オリーブ油を混ぜておく。

3 2のボウルに白菜、りんご、くるみを入れて和え、塩、こしょうで味をととのえる。

ここがポイント！

白菜のシャキシャキした歯ごたえを残したいときは繊維に沿って、食べやすくする場合は繊維に垂直に切ります

冷蔵庫のはじっこ食材で、格上げサラダが完成！

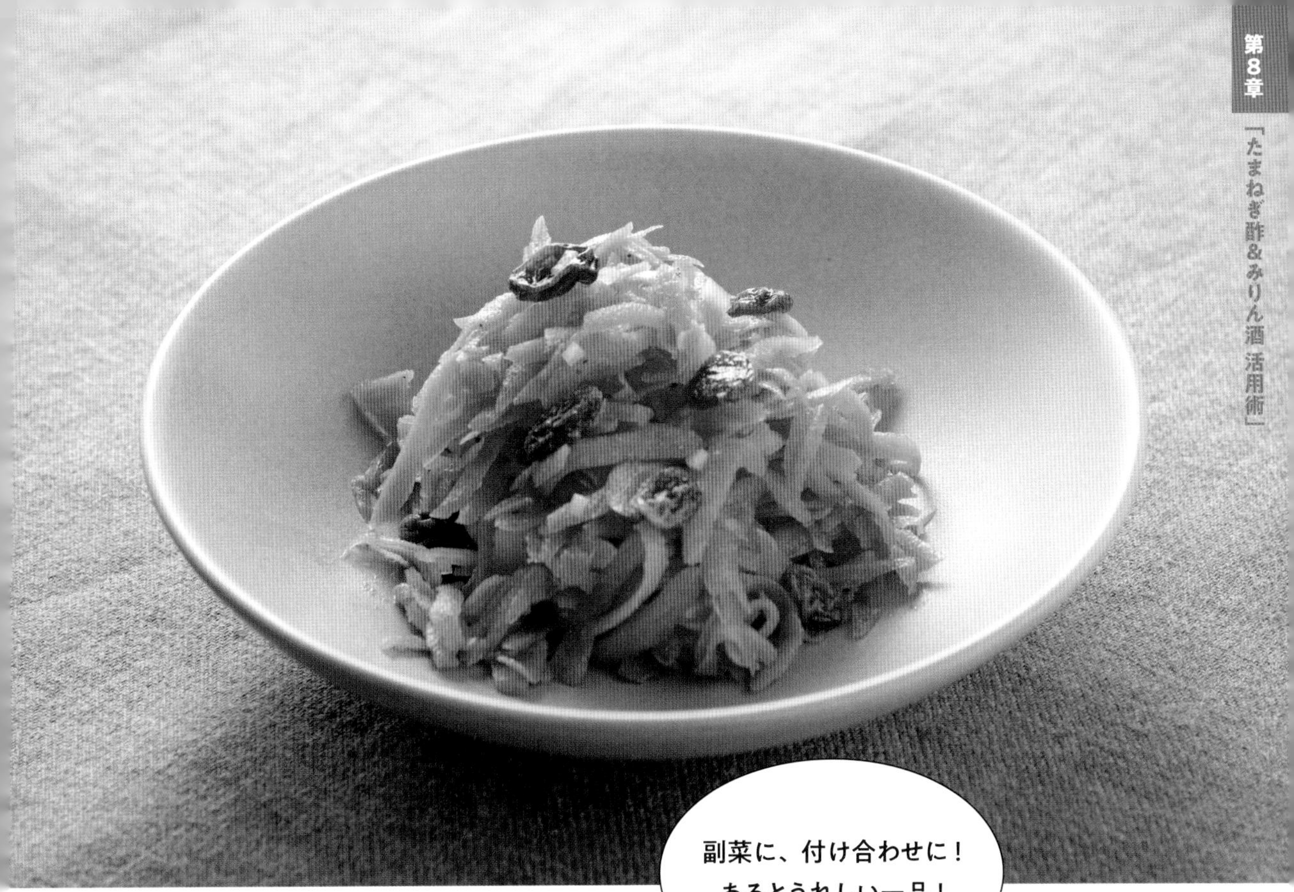

副菜に、付け合わせに！
あるとうれしい一品！

つくりおきしておくと便利！

にんじん嫌いな子どもも食べる! 食べる! キャロットラペ

10分

つくりおきOK！
冷蔵：3日

魔法の調味料

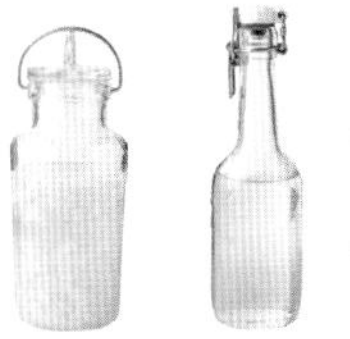

材料（2人分）

にんじん…1/2本
レーズン…大さじ2
塩…適量
たまねぎ酢…大さじ1
甘酢…大さじ1
オリーブ油…大さじ1
黒こしょう…適量

作り方

1. にんじんはスライサーでおろすか、細切りにしておく。軽く塩をしてしばらくおき、しんなりしたら水気を絞る。
2. ボウルにたまねぎ酢、甘酢、オリーブ油、黒こしょうを入れて混ぜておく。
3. 2のボウルににんじんとレーズンを混ぜ、器に盛り付ける。

ここがポイント！

スライサーがない場合は、包丁でごく細切りにします。粗めのおろしがねなどを使うと、味がよくしみて◎

旨味タレとサンチュで、
お肉がモリモリ食べられる！

定番の焼肉も、タレが違うとこんなにおいしい！

10分

「本当は誰にも教えたくない大感動 魔法の焼肉タレ」の超進化版！焼肉のサンチュ包み

つくりおきOK！
冷凍：1カ月

魔法の調味料

みりん酒　かえし

だけ

材料（2人分）

牛肉（焼肉用）…300g
サンチュ…適量
たまねぎ…適量

◉焼肉タレ
みりん酒…60ml
かえし…大さじ3
みそ…小さじ1
にんにく（すりおろし）…1片
ごま油（焙煎が深いものがおすすめ）…小さじ1
白いりごま…適量

作り方

1 ボウルに焼肉タレの材料を入れて混ぜる。たまねぎはスライスしておく（辛味が気になる場合は、水にさらしておく）。牛肉は焼いておく。

2 サンチュにたまねぎ、その他好みの野菜と、タレをつけた焼肉を巻いて食べる。

ここがポイント！

『安部ごはん』でも紹介し、大好評だった焼肉タレ第2弾！ 今回はみそが加わり、さらにコク味がアップしました！

イカとわけぎの歯ごたえがたまらない！

酢みそで、大人の逸品！ イカとわけぎのぬた

15分

魔法の調味料 だけ

■材料（2人分）

イカ（下処理してあるもの）…1/2杯
わけぎ…2本

◉酢みそ
みりん酒…小さじ1
米酢…小さじ1
白みそ…大さじ1

■作り方

1 わけぎはさっと茹でて水気を絞り、2cmほどに切る。イカは茹でて、食べやすい大きさに切っておく。

2 ボウルに酢みその材料を入れて、なめらかになるまで混ぜておく。

3 器にイカとわけぎを盛り、2をかけて完成。

ここがポイント！

麦みそや米みそで作ってもOK！ 大人の味にするなら、練りからしを少々加えてからしみそにしてもおいしいです！

通なお店の逸品も、
みりん酒で簡単に作れます！

カシューナッツと豆腐の至福のマリアージュ！

なめらかクリーミー洋風白和え

15分

材料（2人分）

木綿豆腐…1/2丁
菜の花…1/4束
カシューナッツ（ロースト）
…1/4カップ
みりん酒…小さじ1
塩、こしょう…適量
白いりごま…適量

作り方

1 木綿豆腐は水切りしておく。菜の花はさっと塩茹でし、食べやすい大きさに切っておく。

2 すり鉢またはフードプロセッサーで白いりごま、カシューナッツをすり、ペースト状にする。

3 2に木綿豆腐を加え、なめらかになるまでする。

4 菜の花を入れて和え、みりん酒、塩、こしょうで味をととのえる。

ここがポイント！

ナッツはくるみやアーモンドもおすすめ！菜の花が手に入らない場合は、小松菜などでもおいしくできます！

菜の花の苦味がアクセント！
みりん酒が橋渡し役に

小腹が空いたときや、子どものおやつにもおすすめ！

焼いたごはんとみそが香ばしい！

おやつに最高すぎる！なんと香ばし五平餅

15分

魔法の調味料

材料（2人分）

ごはん…200g
白いりごま…適量
割り箸や竹ベラなど…2本

◉みそダレ
甘みそ…大さじ1
みりん酒…大さじ1

作り方

1 炊きたてのごはんをすり鉢に入れてすりこぎでつぶす。甘みそをみりん酒で、ボウルでなめらかになるまでよく溶いておく。

2 割り箸にごはんを付けて、形を平らに整え、オーブントースターまたはグリルで弱火で約5～6分焼く。表面が乾いてきたら取り出す。

3 みそダレをつけて、再度焼き、焼き目がついたら、白いりごまをふりかけて完成！

ここがポイント！

成形したごはんを一度焼いてからタレを塗り、さらに焼くことで香ばしく。少し焦げ目がつくくらいがベスト！

特別付録

いくつか作って常備しておきたい!

＼すべてつくりおきOK！／

「お手軽ふりかけ」&「ヘルシードレッシング」

にんじんに含まれる
カロテンも摂取！
ピーマンで作ってもおいしい！

栄養満点にんじんふりかけ

だしガラも無駄なくおいしく！
松の実が入って
いっそう深い味わいに

だしとりあとのかつおふりかけ

青のりの風味豊かに！
昆布の粉末を加えると、
いっそう旨味が増します

いりこのカルシウムふりかけ

しっかりした甘辛の味付けで、
魚嫌いな子どもでも
パクパク食べられる！

焼き魚のそぼろふりかけ

簡単で節約にもなる！ 子どもも大好き！ 「お手軽ふりかけ」

にんじんの甘みとひじきの風味、じゃこの旨味がベストマッチ！

栄養満点にんじんふりかけ

15分

つくりおきOK！
冷蔵：1週間

■ 材料（作りやすい分量）

にんじん…50g（1/3本）
ちりめんじゃこ…10g（大さじ2）
芽ひじき…大さじ1
水…適量
酒…小さじ1
かえし…大さじ1
白いりごま…大さじ1

魔法の調味料

かえし

だけ

■ 作り方

1 にんじんは細切りしておく。芽ひじきは水で戻しておく。

2 鍋ににんじんと芽ひじき、ちりめんじゃこを入れ、ひたひたの水と酒を入れ、蓋をして、沸騰したら、弱火で5分蒸し煮にする。

3 かえしを入れて全体を混ぜ、汁気がなくなるまで煮含める。火を止めたら、仕上げに白いりごまをふりかけて完成。

香ばしく焼いた魚の風味でごはんがすすむ！

焼き魚のそぼろふりかけ

15分

つくりおきOK！
冷蔵：1週間

■ 材料（作りやすい分量）

アジ（3枚下ろし）…2尾
※サバ、タラなど他の魚でもよい
しょうが…1片
塩…適量
酒…大さじ1
かえし…大さじ2
みりん…大さじ1

魔法の調味料

かえし

だけ

■ 作り方

1 アジは全体に塩をふり、グリルで焼いて皮と骨を取り除いておく。しょうがは、みじん切りにしておく。

2 鍋にアジ、しょうが、酒を入れて弱火で5分ほど煮る。身をほぐしながら混ぜ、パラパラになってきたら、かえし、みりんを回し入れ、水気がなくなるまで中火で炒り煮する。

3 粗熱をとり、ほぐす。

骨まで食べられる小魚は、カルシウムがたっぷり！

いりこのカルシウムふりかけ

15分

つくりおきOK！
冷蔵：1週間

■ 材料（作りやすい分量）

食べるいりこ…10g
かつお節…2g
白いりごま…小さじ2
青のり…小さじ1
かえし…小さじ1

魔法の調味料

かえし

だけ

■ 作り方

1 いりこはビニール袋などに入れてすりこぎ棒などで小さく砕き、フライパンで弱火で空炒りする。

2 こんがり色がついてきたら火を止めて、かえしを少量ずつ入れ、混ぜる。

3 かつお節を加え、すり鉢でさらに細かくする。仕上げに白いりごま、青のりを加えてできあがり。

フードロス解消！「だしとりあと」シリーズが進化！

だしとりあとのかつおふりかけ

10分

つくりおきOK！
冷蔵：1週間

■ 材料（作りやすい分量）

だしとり（38ページ参照）あとの
かつお節ときざみ昆布
…50g
かえし…大さじ2
みりん…大さじ1
松の実…大さじ1弱

魔法の調味料

かえし

だけ

■ 作り方

1 鍋にかつお節ときざみ昆布を入れ、かえし、みりんを入れて、弱火で炒り煮する。

2 水分が少なくなったら、松の実を入れて、さらに炒める。

3 粗熱がとれたら、保存容器に入れて冷蔵庫で保存する。

にんじんの甘味とやさしい酸味が野菜をおいしくする！

フルーティー にんじんドレッシング

■ 材料（作りやすい分量）

10分

つくりおきOK！
冷蔵：1週間

にんじん（すりおろし）
…1/4カップ
甘酢…大さじ2
オリーブ油…大さじ2
しょうゆ（薄口）…小さじ1

魔法の調味料

甘酢

だけ

■ 作り方

1 甘酢、オリーブ油、しょうゆをボウルに入れ、泡立て器でしっかり混ぜて乳化させる。

2 1ににんじんのすりおろしを加えてさらによく混ぜたら完成。

梅の酸味とたまねぎの風味が食欲をそそる！

さわやか 梅ドレッシング

■ 材料（作りやすい分量）

5分

つくりおきOK！
冷蔵：1週間

梅干し…2個
オリーブ油…大さじ2
たまねぎ酢（粒ごと）…大さじ2
かえし…小さじ2

魔法の調味料

たまねぎ酢

かえし

だけ

■ 作り方

1 梅干しは種を取り、包丁でたたいておく。

2 すべての材料をボウルに入れ、よく混ぜる。

すべての材料を混ぜるだけ！黒酢とにんにくが好相性！

黒酢ごま ドレッシング

■ 材料（作りやすい分量）

5分

つくりおきOK！
冷蔵：1週間

黒酢…大さじ1
かえし…小さじ1
白すりごま…大さじ1
ごま油…大さじ1
たまねぎ（すりおろし）…小さじ1
にんにく（すりおろし）…少々

魔法の調味料

かえし

だけ

■ 作り方

1 すべての材料をボウルでよく混ぜる。

白いりごまを直前にすることで、香りが格段にアップ！

ごま香る さっぱりドレッシング

■ 材料（作りやすい分量）

5分

つくりおきOK！
冷蔵：1週間

甘酢…50ml
たまねぎ酢のきざみたまねぎ
…大さじ3
白いりごま…大さじ1

魔法の調味料

甘酢

たまねぎ酢

だけ

■ 作り方

1 白いりごまをすり鉢でする。

2 1に甘酢とたまねぎを加え、よく混ぜたら完成。

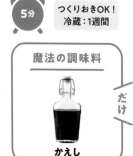

いろいろ使えて便利なタレ！甘めの味が子どもにウケる！

子ども用
甘口ごまダレ

10分

つくりおきOK！
冷蔵：1週間

■ 材料（作りやすい分量）

白いりごま…大さじ1
甘酢…大さじ2
かえし…小さじ1
甘みそ（お好みで）…小さじ1

魔法の調味料

だけ
甘酢
かえし
甘みそ

■ 作り方

1 すり鉢に白いりごまを入れて、よくする。

2 1に甘酢とかえしを入れて混ぜる。お好みで甘みそを加えるとコクが増す。

鮮やかな色が食欲をそそる！
変色しづらく保存も利くから、
常備しておきたい一品

フルーティー
にんじんドレッシング

梅の香りと酸味は、
食欲のない日の味方！
冷しゃぶサラダにも合う！

さわやか梅ドレッシング

すりおろした
にんにくとたまねぎが
黒酢と合わさって深みが増す！

黒酢ごまドレッシング

ごまは入れる
直前にすることで、
風味がアップ！

ごま香る
さっぱりドレッシング

ごまたっぷりの甘めダレは、
食育で子どもたちが考案！

子ども用甘口ごまダレ

おわりに

日本が世界に誇る「和食文化」を守りたい

「私は“食の国粋主義者”です」

よく、私は講演などでこう言い切ります。

みなさんドッと笑いますが、私は本気です。

「和食こそは何があろうとも後世に伝えつづけなければいけない、何よりも大事な日本の宝だ」と固く信じているからです。

「身土不二《しんどふじ》」という言葉があります。自分が生まれた土地の伝統食こそが、その人の体に最も合う食事であるという考え方です。

どの国、どの地方にも、その土地ならではの食文化があります。

やはり日本に生まれた日本人であれば、和食こそが舌に合い、体質に合う食べものだと思うのです。

和食のメリットは、私が改めて述べるまでもありませんが、やはり特筆すべきは「旬を楽しむ」という精神だと思います。

それを支えるのは「野菜の種類の多さ」です。

日本の国土はこんなに狭いのに、農林水産省で把握されているものだけで約100種類※もの野菜が栽培されているのです。こんな国はそうはないでしょう。

その野菜をふんだんに取り入れた和食こそが、私たちの健康を守ってくれるのだと私は信じてやみません。

食品添加物の専門商社で「食品添加物のプロ」としてトップセールスマンだった私が、自分の半生を深く反省して、「日本の食の危機」を訴える活動を始めた経緯は、おかげさまで70万部を超えるベストセラーになった拙著『食品の裏側』に書いたとおりです。

以来、全国のみなさんから何百回、何千回と聞かれた「何を食べたらいいのか」という質問への答えが「ごく普通の手作りの和食」でした。

「安心・安全」を声高に叫ぶのは私の趣味で

※農林水産省HPより

はありませんが、私たちはいま、膨大な数の添加物を毎日せっせと摂取しているわけで、それはもう歴史を懸けた「壮大な人体実験」をしているといっても過言ではありません。

しかし、ごく普通の和食を手作りして食べている限り、「添加物」だの「遺伝子組み換え」だの考えなくてよく、そうそう大きな問題は起こらないと私は考えました。

これもまた、私が和食を推奨する理由のひとつです。

日本が世界に誇る和食文化を守り、食の安全を守ります。

和食こそが、日本の未来を救う「救世主」だと思うのです。

日本の家庭に入り込んだ「工業的な味」によって「ごく普通の和食」が崩壊しつつある

ところが家庭ではいま、思ってもみないことが起こりつつあります。

「ごく普通の和食」が崩壊しつつあるのです。

その大きな原因のひとつが「食品工業用調味料」です。

たとえば、「だしの素」もそうですし、「はじめに」でも述べた「白だし」「めんつゆ」といった市販の合わせ調味料もそうです。

これらは、もともと食品工業の世界で使われていた調味料です。昔はこんなものは市販されていませんでした。それが「家庭に入り込むようになった」のです。

これらの調味料は、ほぼ同じ組成の「旨味のベース」で作られています。それは何かというと、以下のとおりです。

① 食塩（精製塩）

② 旨味調味料（化学調味料）

③ たんぱく加水分解物

このうち「①食塩（精製塩）」と「②旨味調味料（化学調味料）」は説明しなくてもおわかりでしょう。

「③たんぱく加水分解物」とは、肉や大豆などのたんぱく質を分解して作り出すアミノ酸のこと。多くは「塩酸」を使って分解します。非常に強い旨味をもちます。

カップラーメンの蓋を開けたとき、独特のモワッとする匂いがしませんか?　あれは「たんぱく加水分解物」の独特の匂いです。

この3つを、私は味の「黄金トリオ」と呼んでいます。

この「黄金トリオ」をベースに、チキンの香りを付ければ「鶏ガラスープ」になるし、かつおの香りを付ければ「かつおだし」に。鶏ガラスープだしに野菜エキスと香辛料を入れたのが「コンソメ」。組み合わせ次第で無限に調味料が作れるのです。

市販の「白だし」「めんつゆ」もその多くは「黄金トリオ」をベースに、「かつおエキス」や、「速醸」といって安く早く作れるしょうゆを組み合わせて作ったものです。

「黄金トリオ」が使われている調味料さえ入れればパッと味が決まり、みんなが「おいしい」と思うものが、いとも簡単に作れるのです。

しかし、私にはこの味が「おいしい」とはとても思えないのです。

市販の「白だし」も「めんつゆ」も、化学調味料や「たんぱく加水分解物」の味がウワッと来て、糖質が多くてベタベタと甘い。旨味成分だけを不自然に濃縮した味、濃厚な味です。私に言わせれば、非常に「工業的な味」です。

この強い「工業的な味」で調理されたものを、いつしか日本人は「おいしい」と言って食べるようになったのです。

こんな強い味に慣れてしまうと、淡泊な素材の味、かつお節や昆布で取っただしのおいしさがわからなくなります。素材の味よりも、添加物で作られた「黄金トリオ」の味のほうが「おいしい」と思うようになってしまうのです。

日本人がこの味に慣れてしまうことを、私は非常に恐ろしいと感じます。

「スナック菓子で料理を作っている」のと同じ

市販のほとんどのインスタント食品、加工食品はこの「黄金トリオ」で味が決められています。スナック菓子やインスタントラーメンも味のベースは「黄金トリオ」です。

スナック菓子、インスタント食品にもいろいろ問

題があるのに、「食品工業用調味料」を使うことで、家庭料理まで「黄金トリオ」の味になってしまったのです。

これは大変なことです。乱暴な言い方をすればスナック菓子で料理を作っているのと一緒です。

お父さん、お母さんは子どもに「スナック菓子なんてやめなさい」「カップ麺は体に良くない」と言うけれど、家庭でその「スナック菓子やカップ麺の味」を教えてしまっているのです。

「簡単・便利」を一律に否定するつもりはありません。しかし、その裏側で、私たちはどれだけ大切なものを失っているのか、それを考えていただきたいと思うのです。

「料理は楽しい!」アレンジ次第で無限においしいアイデアが広がる

では、「黄金トリオ」に侵食されない舌を作るにはどうしたらいいか——。

それを考えつづけて出した答えこそが「安部ごはん」でした。

みなさんの「和食は時間がかかる」「和食は面倒」という声を受けて、それならば「市販品に負けない、簡単で便利な合わせ調味料を作ればいいのだ」と発案したのが7つの「魔法の調味料」だったのです。

目分量で放り込んでも味が決まるから、面倒なことは本当に何もありません。それが「安部ごはんの神髄」です。

もちろん「封を切って電子レンジで調理」の便利さにはかなわないけれど、やってみれば本当に簡単です。

そして、その「ちょっとの手間」がレベル違いのおいしさを生み出すことがおわかりいただけると思います。

「安部ごはん」がみなさんの毎日に彩りを添え、食生活を豊かにするお手伝いができるのであれば、大変うれしく思います。

最後になりますが、今回もレシピを担当してくださったタカコ ナカムラさん、東洋経済新報社の中里有吾編集長、田中順子さんには大変お世話になりました。心から感謝いたします。

2023年9月　安部　司

安部ごはんが「時短料理」を変えた!

「タカコナカムラホールフードスクール」を約20年にわたって主宰してきましたが、近年、つくづく実感することがあります。

それは「料理をする人が激減している」という事実です。

「おうちごはん」が流行っているかのように映りますが、いま、もてはやされているのは「時短料理」です。もちろん時短・簡単料理が決して悪いということではありません。問題なのはその方法です。

いまどきの「時短」はインスタントや加工品の活用でしかありません。

つまり、食材に「○○の素」や「レトルト食品」「インスタント調味料」を合わせて「レンジでチン」すれば「時短料理の完成」という方程式が生まれてしまっているのです。

簡単便利で安い加工食品に対しては、必然的に「添加物」や野菜や食材のクオリティーを問うことが難しくなります。

つまり、そこでは「時短と無添加は相反するもの」だったわけです。

ところが「安部ごはん」はその「時短の方程式」を覆しました。7つの「魔法の調味料」を常備しておくことで、「時短で無添加」が実現できたのです。これは本当に画期的・革命的なことだと、料理家の立場としても感じています。

実際に、『安部ごはん』を読み、「『○○の素』『インスタント調味料』を買わなくなった」という声を多く聞くようになりました。意外なことに、「加工食品を買わなくなったことで食費が減った」といううれしい声も寄せられています。

「無添加ラーメンスープ」の衝撃

司さんとのお付き合いは20年以上になりますが、その独自の料理へのアプローチには驚かされるものがあります。

司さんは料理が大好きで、腕もプロ級です。

なかでも、本書で初公開となった3つの「スープの素」には衝撃を覚えました。

ラーメンスープは、鶏ガラやとんこつで何時間も煮込むのが当たり前で、そこがプロの腕の見せどころです。それを司さんは、ひき肉とスパイスの配合で専門店のような味を見事に再現させてしまいました。

「なんちゃってだよ」とご本人は笑われますが、家庭料理ならば、簡単で、しかもおいしくなければ作ってもらえません。

これぞ、「料理のプロ」ではなく、「添加物を知り尽くした」司さんならではの発想から生まれたものだと感動しました。

本物の「郷土料理」に注目

今回、みなさんにぜひ、作っていただきたいものが「ご当地グルメ」です。

私は仕事で全国各地を飛び回って料理を教えています。そこで知ったのは、どの地方にもその土地ならではの郷土料理があることです。

その土地の風土や気候に合った伝統食はどれも滋味深く、格別のおいしさがあります。

ところが最近では、町おこしで作られた「B級グルメ」「ご当地グルメ」と「郷土料理」がごっちゃになっている気がしています。

もちろん、「B級グルメ」もいいのですが、やはりその土地に長く受け継がれている「伝統の味」にこそ本来の郷土料理の魅力があり、その土地で暮らす人の知恵が凝縮されていると思うのです。

和食は「郷土料理の集合体」とも表現できるため、伝統的な郷土料理こそ、次の世代に伝えていく必要があると強く感じます。

そして7つの「魔法の調味料」さえあれば、こうした「郷土料理」もおいしく手軽に作ることができるのです。

料理が作り出すもの

自分で食材を買い求め、伝統製法の調味料を使って「料理をすること」は、どんな健康器具やサプリメントより強く、しっかりと家族の健康を作るベースとなりえます。

私はいつも、料理とは「空腹を満たすためだけに作る」のではなく「食べてくれる人のために作る時間を費やすこと」に意味があると感じてきました。

食べてくれる人を思い、野菜をきざみ、煮物を作る——。食べものが「人の命」をつなぐ理由はここにあります。食べる人に「元気になってね」という魔法をかけることができる、それが料理です。

どうか、みなさんも、『安部ごはん』片手に、楽しく、キッチンに立ってくださることを心より願っております。

2023年9月　タカコ ナカムラ

調味料別 INDEX

かえし だけで作れる！

みりん酒 だけで作れる！

甘酢 だけで作れる！

甘みそ だけで作れる！

たまねぎ酢 だけで作れる！

かえし＋みりん酒 だけで作れる！

かえし＋甘酢 だけで作れる！

かえし＋たまねぎ酢 だけで作れる！

かえし＋司の「和だし」 だけで作れる！

かえし＋甘酢＋甘みそ だけで作れる！

甘酢＋たまねぎ酢 だけで作れる！

無添加鶏ガラスープの素＋かえし だけで作れる！

無添加コンソメスープの素＋甘みそ だけで作れる！

その他（だし・保存食など）

食材別 INDEX

肉・肉加工品

魚介類

野菜類

キノコ類

牛乳・乳製品

缶・瓶詰

ごはん・麺類

【著者紹介】
安部　司（あべ　つかさ）
1951年、福岡県の農家に生まれる。山口大学文理学部化学科を卒業後、総合商社食品課に勤務する。退職後は、海外での食品の開発輸入や、無添加食品等の開発、伝統食品の復活に取り組んでいる。
経済産業省水質第一種公害防止管理者を務めつつ、食品製造関係工業所有権（特許）4件を取得。開発した商品は300品目以上。一般社団法人加工食品診断士協会の代表理事。一般社団法人シードマイスター協会認定のシードマイスター。
2005年に上梓した『食品の裏側 みんな大好きな食品添加物』（東洋経済新報社）は、食品添加物の現状や食生活の危機を訴え、新聞、雑誌、テレビにも取り上げられるなど大きな反響を呼んだ。現在70万部を突破するベストセラーとなり、中国、台湾、韓国でも翻訳出版されている。
また、『食品の裏側』発売後、「何を食べればいいのか?」という読者の質問への答えとして、15年かけて開発した、本書の前作となる『世界一美味しい「プロの手抜き和食」安部ごはん　ベスト102レシピ』も、シリーズ10万部を突破するベストセラーとなり、「簡単に作れる爆速×極うま×無添加レシピ」として大反響を呼んでいる。
その他の著書に『なにを食べたらいいの？』（新潮社）、『食品の裏側2 実態編 やっぱり大好き食品添加物』（東洋経済新報社）、『「安心な食品」の見分け方 どっちがいいか、徹底ガイド』『家族と自分を守る「安心な食品」の選び方』（ともに祥伝社）などがある。

【料理者紹介】
タカコ ナカムラ
山口県山陽小野田市の割烹料理店に生まれる。京都産業大学経営学部卒業。
アメリカ遊学後に「Whole Food」の概念を発案。安全な食と暮らしと農業、環境をまるごと考えるホールフードを提唱する。
1989年、自然素材のお菓子ブラウンライスを創業。2003年、表参道「ブラウンライスカフェ」のメニュープロデュースに携わり、「ホールフードスクール」開校。2006年に独立し、「タカコナカムラホールフードスクール」開校。2008年、一般社団法人ホールフード協会（https://whole-food.jp）を設立、代表理事に就任。2011年に東京都大田区洗足池を本拠地としてキッチンスタジオを開設し、ホールフードを発信。
料理家としては、「50℃洗い」「ベジブロス」「塩麹」「AGE」などの食のトレンドを作り発信。安全な食材やオーガニックの食材を使っての健康的な料理レシピ開発、発酵食レシピ開発には定評がある。
安部司氏とは20年来の親交があり、前作も料理を担当。家庭で料理を作ること、和食の復興をめざしている。パートナーは、イタリア料理店の名店「リストランテ　アクアパッツア」（https://acqua-pazza.jp）オーナーシェフの日髙良実氏。

【協力】
タカコナカムラホールフードスクール（http://wholefoodschool.com）

【料理アシスタント】
木内康代／門之園知子

【撮影協力】
UTUWA（Tel 03-6447-0070）

世界一美味しい「プロの手抜き和食」安部ごはん2 ベスト107レシピ
「魔法の調味料」×「奇跡のスープの素」で「爆速×極うま×無添加」絶品レシピがさらに完成！

2023年11月14日　第1刷発行
2023年12月12日　第2刷発行

著　者――安部　司
料　理――タカコ ナカムラ
発行者――田北浩章
発行所――東洋経済新報社
〒103-8345　東京都中央区日本橋本石町 1-2-1
電話＝東洋経済コールセンター　03(6386)1040
https://toyokeizai.net/

ブックデザイン……大嶋フクヲ／大嶋事務所
撮　影…………佳川奈央
スタイリング………二野宮友紀子
ＤＴＰ…………アイランドコレクション
印　刷…………ベクトル印刷
製　本…………ナショナル製本
校　正…………佐藤真由美／加藤義廣
編集協力………新井円／冨永香織
編集アシスト……髙橋扶美／Saki
編集担当………中里有吾／田中順子
©2023 Abe Tsukasa/Takako Nakamura　Printed in Japan　ISBN 978-4-492-04742-2
本書のコピー、スキャン、デジタル化等の無断複製は、著作権法上での例外である私的利用を除き禁じられています。本書を代行業者等の第三者に依頼してコピー、スキャンやデジタル化することは、たとえ個人や家庭内での利用であっても一切認められておりません。
落丁・乱丁本はお取替えいたします。

\\ 売れています！ //

大好評！
「レシピシリーズ」
10万部突破！

世界一美味しい

「プロの手抜き和食」安部ごはん

ベスト102レシピ

「魔法の調味料」で作れるレシピはまだまだあります！

肉じゃが、ハンバーグ、
しょうが焼き、丼物・麺類、
焼肉のタレ＆ドレッシング…
大人気の逸品を完全収録！
しかも90品以上が
「15分以内」で完成！

70万部の大ベストセラー
『食品の裏側』著者が
15年かけて考案した
「究極のレシピ」が1冊に！

安部 司【著】 タカコ ナカムラ【料理】

978-4-492-04693-7／B5変版／並製
120頁／1,430円（税込）

★作った人からは「すごく便利！」「本当においしい！」と大絶賛！
★プロの料理家も「これは便利！」「すごい！」と大激賞！
★料理初心者でも「確実においしく作れる」レシピのみを102品厳選！
★料理好きも、腕が格段にアップすること間違いなし！

東洋経済新報社　https://toyokeizai.net/

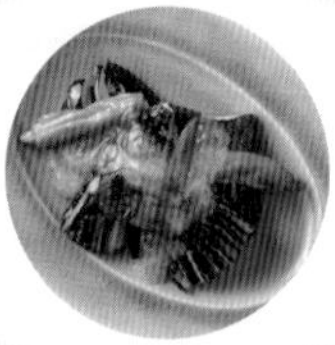
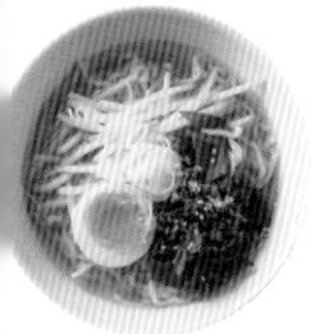
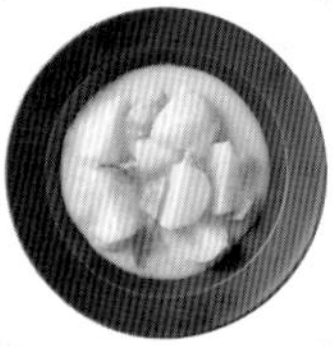
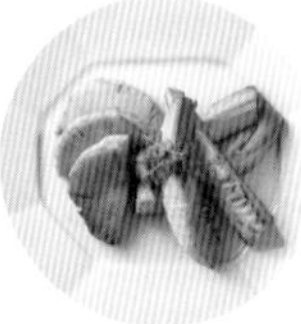

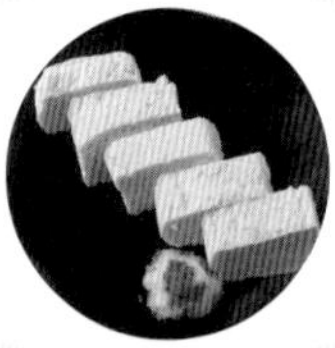
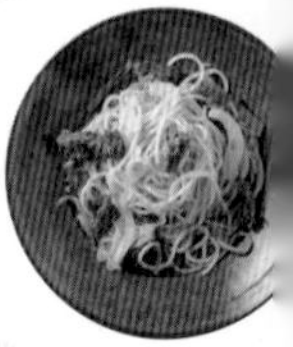

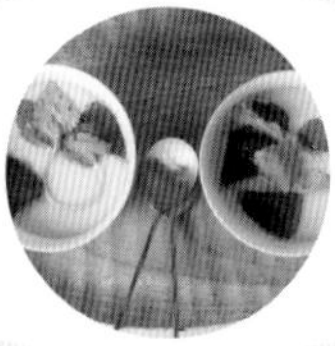